大東流合気柔術
合する合気の道

江夏　怜

はじめに

私が、錦戸無光先生が当時主宰していた大東流合気柔術光道に入門させていただいてから、早いもので二十三年間の月日が流れてしまいました。あっという間でしたが、細々とながらも長い間修行させてもらい、現在は北海道で脳神経外科医として勤務しながらも、有志と稽古をつづけております。このたび、錦戸先生より、大東流の技術を本にまとめるようお話をいただき、自らの未熟も顧みずに技術書を執筆させていただきました次第です。

私は入門時、大学入学したての十九歳でした。不思議な武術の評判を聞き、錦戸先生を訪ねさせていただきましたが、当時、山奥にあった道場に案内していただきながら、一体どこに連れて行かれるのだろうと不安になったのを思い出します。それから、大学講義が終わってから、バスも通っていない山奥まで、ふもとの二日市駅から三時間歩いて道場に通う生活が始まりました。大体到着するころには晩の稽古はほぼ終了しており、寝袋で道場に泊まり込んで、午前五時三十分からの早朝稽古に参加してから大学に通いました。持っていった弁当を鼠に食べられたり、寝ていた傍に蛇が出て飛び起きたりと、今となっては懐かしく思い出しますが、私の思い出の詰まった道場も、数年前に雪でつぶれてしまい、

雪でつぶれた道場

在りし日の道場

今や跡形もありません。何となく自分の過去の痕跡がなくなってしまったような一抹の寂しさを覚えます。

私はその道場に大学在学中の六年間通いました。就職してからは関西へ転居しましたので、道場へ通うのは難しくなりましたが、病院研修の合間に時間を作っては錦戸先生のもとへ個人指導を受けに通わせてもらいました。福岡の地を離れてから近畿地方を転々とし、その後、米国で五年間勤務し、姫路を経て、現在、北海道に住んでおります。いつの時期でも細々と稽古を続けてきましたが、そのほとんどの時間が一人稽古です。大東流はとても難しく、特に一人では暗中模索、自分が何を積み上げているのかもよくわからなくなることが多々あります。しかし、自分の続けてきた武術の修行をマイナスに感じたことはありません。むしろ、様々な苦難を「これがあったから乗り越えられた」と思います。

修行二十一年目の二〇一三年、師範の免状をいただきました、しかし、未だ道半ば、私自身が何を積み上げてきたのかと聞かれると答えに困ります。結局は、究極の目標である合気を目指して、あーでもないこうでもないと自問自答を繰り返すような稽古自体が好きでどうしようもなく、未だにやめられずにいるのです。私が魅了されてやまないこの武術を紹介する機会をいただけたことをとてもうれしく思います。一見不思議に見える技にも明確な理合があり、技ができるようになるための階梯があります。合気柔術の不思議な魅力について一端でもお伝え出来ましたら著者としてこれに勝る喜びはありません。

合する合気の道（錦戸無光先生寄稿）

合する合気はまず基本稽古で大きなのびのびした身体づくりをします。その上、力を全く使わず相手をさばく理合を掴むことを目指します。この理合をつかうことで気の身体をつくるのです。次は秘伝奥義を伝えます。この奥義の技は相手が全力でかかってくるのを一瞬でさばく技です。奥義の技も気の身体を作ることを目指します。その上で、気の身体になって気を使って相手をさばく奥の深い世界に入ります。この気を使って合する合気のさらなる深い世界に入ってゆきます。心身ともにこの奥の深い世界に入るのです。全身が気の身体になるということは全身が心の身体になることなのであります。つまり、全身に気が満ちて全身が心で満ちることを言います。肉体の力（筋力）を全く使わないときが無（つまり0地点）になった時です。この地点（0地点）では、筋力の世界にも戻れるし、気の世界に

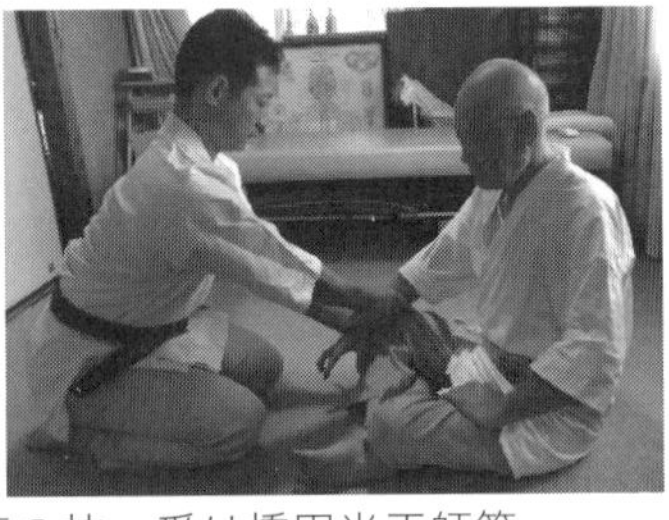

気を爆発させる段階の合気の技　受は橋田光正師範

も入っていける地点です。合する合気を目指す人は、気のさらなる奥の世界に行くのです。0地点が無を悟った時です。合気を悟った人はさらに奥の深い気が満ち溢れた合気の世界に至ります。合気はさらに気を大きく合して爆発させる段階に至ります。この宇宙は無の爆発であるビッグバンにより生じ、その宇宙からさらに無が生じました。同様に気の爆発である合気により一切の我執のない無の境地に至ります。すぐれた武術は宇宙の法則に従って成り立つものであり、合気の稽古は心身を通して、それを実現することです。

二枚の写真があります。武田惣角先生と堀川幸道先生です。両先生とも気が満ちたさらに気が詰まり切った体になっていますよ。気がびっしりと詰まった強靭な身体です。私ど

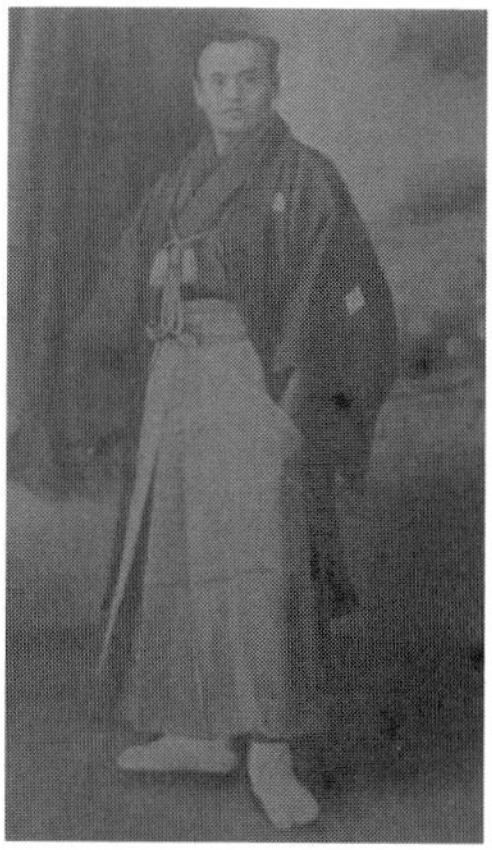

武田惣角先生

堀川幸道先生

ももこの世界を目指しております。気の身体になると心身ともにさわやかになります。合した合気の身体は気が全身にみなぎります。合する合気は基本技の初歩から争いを防ぐ方法でもあります。相手が攻撃してくる力を全て奪い取り戦いを防ぐのです。こうして戦いの無い世界を作っていくのです。合する合気を使う人が世界に広まって争いのない世界がくることを願っています。堀川幸道先生は言っておられました。まず、なぐられない、なぐらない、切られない、切らない、国と国との関係においても侵略しない、侵略されないことが合気の心であると。これが合気の真の目的なのです。

錦戸　無光

堀川幸道先生の合気技

目次

大東流合気柔術　合する合気の道

錦戸伝大東流合気柔術

大東流合気柔術は、明治になり稀代の達人武田惣角先生によって、広められた武術です。それ以前の伝承については諸説ありますが、根拠となる資料がないために分かっていません。免許の巻物には、清和天皇から貞純親王、源氏から武田氏の系譜が書かれていますが、これらの伝承を裏付ける根拠には乏しいようです。

武田惣角先生は、道場を持っての教授を行わず、短期間の講習会形式で大東流合気柔術の技法を教授するという方式をとっていました。英名録という記録をつけていたため、誰に教授したかについては記録が残っており、生涯にわたりいろいろなところで大東流合気柔術の技法を広めました。このため、現在においても全国に多くの師範がおられ、大東流の技法を伝承しています。

しかし、同じ大東流においても各師範や団体において、伝承している技は不思議なほど異なります。大きく分けると打・投・極の柔術技法、特に複雑な関節技を伝える系統と、相手の重心を操作して投げる投げ技に特化した系統です。とくに武田惣角先生の高弟の堀川幸道先生が伝えた技には後者の傾向があります。この理由として、武田惣角先生は相手の体力に応じて教える技を変え、小柄で体力のない堀川幸道先生には合気を重点的に教授したためとされています。

私たちが稽古する大東流合気柔術は、武田惣角先生から堀川幸道先生、錦戸無光先生の流れを汲んでおり、後者の相手の重心を操作する技法を主に練習します。武術のイメージからすると「相手の重心を操作する」というとわかりにくくて言葉足らずかもしれません。柔道やレスリングなど投げ技を得意とする格闘技はいずれも相手の重心を操作しているのですが、私達はさらに相手の防衛反応自体を誘発しないことを目指しています。これは決して神秘的な事象や精神的な心構えではなく、純粋に生理学的な現象を応用した技法であり、相手の抵抗を誘発しないためにいくつかの理合があるのです。これらの理合をまず基本技を通して学びます。

これらの基本技を習得した後に、さらに、それらの理合を強化して使う方法を「秘伝奥義」の技を通して学びます。これは読んで字のごとく、具体的な方法は秘伝ということになってしまうのですが、先の理合について、さらにつきつめることで、相手が抵抗しても技をかける方法を学びます。

次に、「気の技」を学びます。この段階になると「自分は動かずに相手を先に動かす」という非常に厳しい要求を課せられます。「気」というと何となく胡散臭い感じがするかもしれませんが、独特の感覚を表す言葉だと思ってもらえればいいでしょう。何か医科学的な用語を使えば置き換えることは可能なのかもしれませんが、著者自身はそのような必要性は感じていません。独特の感覚を表す言葉を無理やり言い換えたところで、習得が早まるのでしょうか？　気の感覚は言葉では説明し難い独特のものです。この感覚を習得するためにいくつかの口伝があります。この気の感覚を否定してしまっては先の段階に進めないのです。

次に「気」の感覚がつかめたら、「合気」の技を稽古します。私たちの言う「合気」とは気を合《がっ》して用いることで、気を合《あ》わせるなどということではありません。これも独特の感覚を指すもので、言葉で説明するのは非常に困難なのですが、「気」の感覚が習得できていなければ、「合気」の技は使えません。

基本技から、秘伝奥義、気の技、合気の技に至る、これらの四つの段階はそれぞれに関連があり、いずれも最初に学ぶ基本技を通して稽古していきますし、一足飛びにどれかを習得できるものではありません。私たちの大東流合気柔術ではこの最終段階の合気の技の習得を目標としています。

錦戸無光先生の技

堀川幸道、錦戸無光が伝えた技

武田惣角先生が伝えた大東流合気柔術は本来、高度な関節技や投げ技、当身、絞め技、経絡技法を含む膨大な技術を含んでいます。一方で、堀川幸道先生からの技術を伝承する錦戸伝の大東流では関節技、絞め技はもちろん、柔術では高級技法とされる経絡技法や巻きの技法なども一切稽古はしません。

このような技法体系が武田惣角先生から堀川幸道先生に伝授される段階でそうなったのか、堀川幸道先生の工夫によるものか定かではありませんが、筋力にたよらない合気の錬磨をする過程で柔術の主要な技は省かれていきました。関節技や経絡技法など柔術の高級技法を用いれば最小限の力で相手を制することが出来るようになるのでしょうが、痛みで相手を制する限りそれはあくまでも筋力を用いた技の延長線上にあるもので、この延長線上に私たちの求める合気はありません。実際に乱取に用いてみれば、これらの柔術技が筋力に基づいたものであるということが如実に分かります。

柔術技法は非常に効果が高く、習得も容易ですが、その優秀さゆえに合気を用いずともある程度制敵が可能なため、合気習得の目的からは妨げとなるのです。当時としては秘伝にも属するであろうこれら高級技法を、合気習得にはそぐわないという理由でバッサリ切り捨ててしまったことからも、堀川幸道先生がいかに合気を重視していたのかが分かります。

錦戸無光先生は長年大東流の柔術を修行し、指導もしていましたが、晩年の堀川幸道先生の合気に触れ、それまでの柔術が合気習得の妨げとなることを悟ってからは一切を捨て、合気の習得に専心しました。合気を体得してからは、その習得の階梯を体系づけて指導しています。

私たちの道場では堀川幸道先生から伝えられた合気を習得するため、最も効果的な技として錦戸無光先生が工夫した技を稽古します。そのほとんどの技は体作りのための技です。体作りといっても筋力のトレーニングとは異なります。盤石な中心軸を作り、中心軸をぶれさせずに相手を自由に動かせるように稽古するのです。

錦戸先生は、多くの師範を育てましたが、師範となった後は独立するよう勧めますので、その技は各地で教授されています。以前錦戸先生が主催していた大東流合気柔術光道は、現在は高弟の古賀武光師範が引き継いでおり、錦戸先生は総師範として主に個人指導を行っています。現在のところ、著者が把握するかぎりで指導を行っている師範は以下の通りです。個別に指導されている方、完全に別団体として指導されている方もいらっしゃいますのですべてを把握しているわけではありません。

古賀　武光師範（光道、福岡）
大崎　司善師範（一刻館、神奈川）
木村　強師範（空水道、福岡）
藤本　拓民師範（熊本）
豊田　浩司師範（壱空館、大阪）
甲斐田　裕光師範（幸裕会、福岡）
松村　浩道師範（壱風館、東京）
後藤　武水師範（日本草堂、東京）
寺田　守宏師範（一燈館、新潟）
松田　賢一師範（ドイツ）
村瀬　ひろみ師範（大東流合気柔術稽古会、山口）
竹中　学師範（岐阜）
橋田　光正師範（広島）
阿部　勝利師範（山口）
堤　英臣師範（佐賀）

指導する錦戸先生 右は古賀武光師範

大東流合気柔術　合する合気の道

坂本　高英師範（福岡）
瀬戸山　博紀師範（福岡）
幸田　勝利師範（福岡）
村田　一吉師範（神奈川）
大古湯　康男師範（長崎）

理合について

錦戸伝大東流の技にはいくつかの理合があり、これを学ぶために基本技があります。理合の目的は力を使わずに相手を動かすことですが、さらに具体的にいえば、相手の防衛反応を誘発しないことが重要となります。

人は投げられそうになったり、打たれそうになったりなど攻撃を受けると防衛反応を起こします。この防衛反応とは具体的に、相手の打撃を受ける・よける、投げられまいと踏ん張る、あるいは足を使って逃げるなど様々ですが、この防衛反応に対処するのには、通常はこれらの防衛反応を上回る筋力、速度を用いるか、手足を用いて相手の防衛反応を妨害するなどして攻撃を成功させます。この方法は、相手の防衛反応が起こることが前提となっているため、相手を上回るパワーや速度が必要となり、一定以上の筋力が必要となります。

一方、もう一つの方法が、攻撃の予備動作を消して、相手の防衛反応そのものを起こさせない方法があります。これも特別なことではなく、武術では当たり前に用いられていることなのですが、私たちが稽古する方法は以下の理合に集約されています。

一．相手を動かすこと

まず、最初に相手を動かすことです。当然の事のようですが、人間の自然な動きとはそうはなっていません。例えば、通常相手を投げてやろうとしたときに、自分の身体はどうなるでしょうか？まずは近位筋を収縮させて相手を引き寄せてから、自分の体重や重心移動を使ってパワーを生み出すでしょう。この体幹や近位筋の収縮や重心移動を利用するというのが、より大きなパワーを出すために、人間が自然に行っている動作です。

しかし、このパワーを生み出す前の瞬間というのは、相手は動かずに自分ばかりが動いているということになります。この動作の溜めを作っている瞬間が相手の防衛反応を誘発するのです。自分の近位筋や体を動かすのではなく、最初から最後まで相手を動かし続けることこれが大きな理合の一つです。人は動かし続けられると抵抗することが出来なくなるのです。

二．立つこと

地面に立つことも重要な理合の一つです。このままでは抽象的すぎるので、少し解説させてもらうと、重心を動かさないことと言い換えてもいいでしょう。

原則的に技をかけている最中には重心を動かしてはいけません。なぜなら、重心が移動すれば、相手に技を読まれて、防衛反応を誘発します。私達の技は重心移動を利用してかけるということはしません。重心移動は大きな力が生み出せる反面、予備動作として、相手に動きを予測されやすくなるという欠点があります。重心を動かさずに技をかけるためには、二つの要諦があります。

まず、一つ目は強固な中心軸を作り上げることです。先に相手を動かすという理合について説明しました。クレーン車などを見ても分かる通り、相手を動かすためには、強固な土台が必要です。動こうとするたびにフラフラしているようでは相手を動かすことなどはできません。まずは盤石な中心軸を基本技を通して作り上げていきます。

二つめの要諦は、足を開きすぎないことです。足幅は開いても肩幅程度です。両足の外側縁で囲まれた領域を支持基底面と言います。足を開くと支持基底面が広がり、安定しているように見えるのですが、重心は支持基底面の中で移動しやすくなります。先にも述べた通り、重心が移動すれば、相手の防衛反応を誘発します。錦戸先生は、この状態を地面に「立つ」のではなく「もたれている」と形容します。中心軸を動かさずに安定させるためには足幅は狭い方がいいのです。柔道の自護体あるいは中国武術の站椿のように膝を屈めて、重心を落としたりしてもいけません。

三．相手を見ること

「相手を見ること」と言っても目で見ることではありません（目で見ることはもちろん重要ですが）。ここでは皮膚感覚もしくは固有感覚を通した感覚の事を言います。掴まれた部位や掴んだ手など、接点を通して相手の圧力を感じます。技をかけている最中はこの圧力が変化してはいけません。投げようとして、相手を押せば、接点の圧力が変化します。この圧力の変化は、相手に攻撃を告げる予備動作となって防衛反応を誘発するのです。

ここで1の「相手を動かす」ことが重要となってきます。相手が動かずに自分が動けば、圧力が変化します。この微細な感覚を自分の皮膚感覚を通して察知するのです。

皮膚感覚を通して、圧力を感じることが出来るようになったら、次に相手の重心の状態を感じとります。これで、自分が相手を制しているのか、相手に重心をコントロールされて制せられた状態なのかが分かるようになってきます。この際のコツは掴まれるにしろこちらから掴むにしろ、少し攻めるような気持ちで行うことです。慣れてくると持たれた瞬間に技がかけられる状態なのか、自分が負けているのかが分かるようになってきます。

基本技は、手のほか、足、肘、膝、頭、胸と様々な部位を掴ませて動かす稽古をします。頭から足の先までどこでも見ることが出来来、動かすことが出来る状態を千手観音の身体と形容します。身体のあらゆる部位に手と同様の働きを持たせることを目指します。

四．指先を使うこと

指先を使うことの重要性については二つの意義があります。

一つ目は中心軸を安定させる効果があることです。基本技においては、手を握って使う技以外では常に両手の指先をピンと張った状態にしておきます。ただ立っているだけでも両手の指先を張っておきますし、相手の攻撃を受ける際にも受け手はもちろんのこと、反対側の手も指先を張っておきます。これが中心軸を保つ重要な秘訣です。

二つ目の意義は特に小手の技において相手を動かす時の抵抗を封じることです。一の「相手を動かす」ことにも通じますが、人間は相手に力を及ぼそうとすると、本能的に近位筋を収縮させます。この動きは読まれやすく、容易に抵抗されます。一方、遠位の末端である指先からの動きは読まれにくく、相手の抵抗を封じることが出来ます。指先を用いて技をかけるというのが相手を動かす際に重要な秘訣となります。

指先を一杯に張る

小手の技はもちろんのこと、基本技では原則すべての技において指を張った状態で技をかけます。私たちはいわゆる「朝顔の手」というものは用いません。

五．上げて落とすこと

投げ技は地面に相手を落としているのだと言えるでしょう。地面に相手を落とす際のポイントは、まずあげることです。なぜ、これが重要かというと、掴んだり掴まれた状態からいきなり落とそうとすると、使用する筋肉が緊張してしまい、中心軸を崩して体重を乗せてしまうこととなり、相手にはすぐに何をしようとしているのかを察知されてしまいます。その点、まず上げてから落とすようにすると、筋肉の緊張を「リセット」することができ、中心軸が崩れにくくなります。

このような目的のためですので、最初にあげる動きはほんのちょっとで十分で、あげる動作が大きくなりすぎると逆効果になります。これは特に落とし技を用いる際に重要な秘訣となりますが、この原理は他の技にも広く応用ができる重要な理合です。

六．主従を明確にすること

両手を用いる技には主と従となる手があり、これは技ごとに決まっています。主の手は、主として技をかける手で、最初に動きます。従の手は主の手についていくだけです。

基本技では、主と従の手が曖昧になったり、主の手と従の手が入れ替わっては、相手に抵抗されて、技がかからないようになっています。無理やり技をかけようとすると両方の手が主となって、容易に中心軸が崩れますから、主従を明確にすることが重要です。

基本技を通して以上の理合を学びます。ここでは、物理的な速度や力の大きさよりも、むしろ自分よりも相手をまず動かすという生理的な速さを追求するのです。

基本技を稽古する意義はこれらの理合を正しく学ぶことにあり、技がかかるかかからないかに過剰にこだわりすぎてはいけません。取が無理やり技をかけようと理合を無視したり、受が技にかからないようにと逃げながら掴みにくるようなことをしては理合習得の目的にかなわないばかりか、かえって害になります。相手を投げることよりも技を正しくかけることを心がけるべきでしょう。

礼法

礼法も相手を見る訓練になります。

座礼は、左手をつき、その後に利き手である右手をついて頭を下げますが、この時にもつねに相手の気配を見続けていなければなりません。師範もしくは先輩が先に頭を上げ、その気配を感じてから後輩が頭を上げます。その後、右手、左手の順に膝に戻します。稽古開始と終了の礼では、正面に師範が右から左に先輩から後輩がならびますから、礼から頭を上げる時には正面にいる師範と右側にいる先輩の頭を上げる気配を感じてから頭を上げなければなりません。

立礼は、手を太腿の付け根に置き、礼をしますが、常に相手の気配を見続けるのは座礼と同様です。

先生と先輩が頭を上げてから
頭を上げる

正面に先生が、
右側に先輩が座る

受け身

護身術としての受け身の重要性は強調しすぎることはありません。脳神経外科医でもある著者は転倒外傷の恐ろしさは身に染みております。受け身は、転倒や投げ技から身を守る古武術の偉大な知恵です。

受け身の基本は頭を守ること、転がること、しゃがんで重心を低くすることです。やり方は柔道や合気道と同様ですが、転がった勢いを利用して素早く起き上がり、敵に備えます。

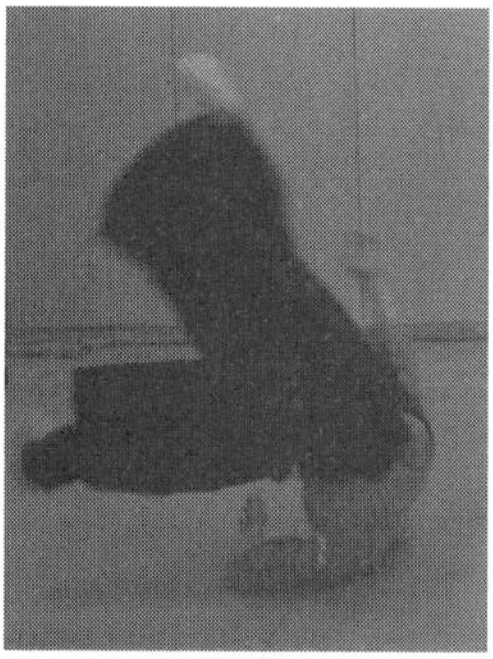

素早く起き上がり
敵に備える

呼吸法

呼吸は相手に読ませないことと常に重心を安定させることが重要です。そのためには、下腹部を常に膨らませておかなければなりません。息を吸った時も吐いたときも、帯の圧力が緩まないように下腹部を膨らませて重心を落とします。このためには、腹で吸って胸で吐くというような腹式呼吸と胸式呼吸の中間のような呼吸法になります。慣れなければ難しいですが、下腹部に帯をシッカリと巻き、臍下丹田を意識して下腹部を膨らませて呼吸する稽古をします。この呼吸法が技をかける際の基本になります。

基本技

先に述べた理合を習得するために基本技があり、正しい理合を意識して稽古する必要があります。基本技は、いくら筋力があっても、理合を守らないとかからないようにできています。最初は、何故こんなにやりにくいやり方で技をかけるのだろうと感じるかもしれません。相手を投げることばかりに気を取られて理合を無視したのでは、何の意味もありません。ここでは、左右どちらか一方の技を示しますが、左右どちらでも技がかけられるように両方の技を対称に稽古します。また、最初は重心の安定した座り技で稽古しますが、慣れたら立ち技で稽古します。

基本技は、いくつかを除き、名前がありません。便宜上、著者が適当に名前を付けたものもありますので、ご了承ください。また、関東を中心に活躍する大崎司善師範の一刻館と一刻館出身の師範達は独自の技名を使用していますから、なるべく混乱のないように一刻館での技名も記載しました。

構え

基本技の構えは、自然体です。足幅は肩幅程度とし、両手の指先をピンと張って、太腿の付け根の前に置きます。臍下丹田に重心を落としますが、膝を曲げたり、踏ん張ったりしてはいけません。

構え

突き

突きの際は、突く方の手と同側の足を出してから突きます。いわゆる順体での突きということになります。しっかりと重心を安定させてから突かなければなりません。中心軸が崩れたり、飛び込みながら突いたりしては突きの方の稽古になりません。歩み足で三歩目に突くのが基本ですが、相手との距離に応じて歩数は調節します。

拳については、最初は正拳として人差し指と中指の付け根の拳頭を当てますが、指が鍛えられてきたら、うずらの卵を握りこむように、掌の中に空間を作って中指の第二関節を当てるようにします。ただし、最初からこのような突き方をすると指先を痛めることがあるので、しっかりと鍛える必要があります。

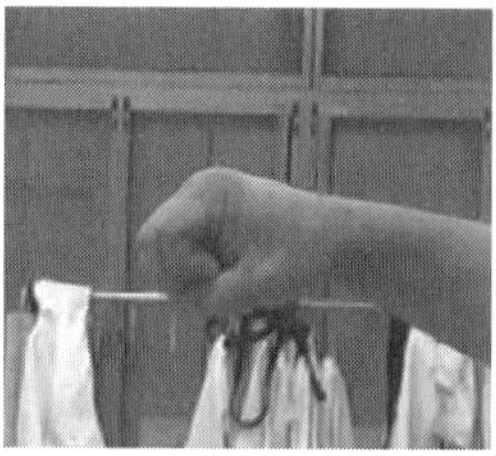
拳の握り

突き

中心軸を崩さない

打ち

打ちは、合気道のような手刀ではなく、拳を用います。横面打ちでは、相手のこめかみを狙いますが、中国拳法の圏捶のように手を返して甲側から打つのではなく、掌側から中指の第二関節を当てます。

足使いは突き同様に順体として、打つ方の手と同じ側の足を出してから打ちます。相手との距離に応じて歩数を調節するのは、突きの時同様です。

片面を打つ場合と、両手を使って同時に両方のこめかみを打つ場合とがあります。正面打ちでは相手の頭部を狙って拳槌を振り下ろします。足使いは、突きや横面打ち同様、順体です。

横面打ち

両面打ち

正面打ち

受け

　ここで言う受けは横面打ち、正面打ちに対する受け技ですが、基本技における指使いの基本となるものであり、一人稽古で指先を鍛えるのにも用いられます。

　相手の横面打ちに対して、打たれる側の腕を大きく回して、前腕の尺側で受けます。この際に手の指先はピンと張って、掌で相手のおでこを照らすような気持ちで自分の正中で止めます。この時に肘は緩やかに曲げ、反対側の手の指もピンと張っておきます。反対側も含めて両手の指を張っておかなければ、自分の中心軸を保つのが難しく、相手の力に負けてしまいます。

　また、相手の受けを横に払うのではなく、大きく回して受けます。横に払うと相手の力を直接受け止めることになるので、打ってくる力が大きいと負けてしまうのですが、大きく回して受けると相手の力は上方向に逸れていきます。打ってきた相手の手が自分のこめかみから上方向にずれていたら、正しく受けられているということになります。

正面打ちに対する受けも同様ですが、相手が右手で打ってきたら、右手で受け、左手で打ってきたら左手で受けるというように綾で受けます。自分の手は正中で止め、外側に行き過ぎないように気をつけます。

横面打ちの受け

両面打ちの受け

正面打ちの受け

横に払ったり、
手が正中から離れ
すぎないようにする

受けからの投げ　横面打ち（片面・両面）（一刻館技名「圓相」、「残月」）

受の横面打ちを、取は先の「横面打ちの受け」で受けた後に、接点を通して相手の腕を少し上げて、大きく円を描いて、相手の身体を腕ごと落とします。最後に相手を攻めるように腕を少し入れてやるとかかりやすくなります。

両面打ちの場合は、両手を使って「横面打ちの受け」をしますが、一方の手を使って、上げてから投げます。その際に、反対側の手は動かさないようにしなければなりません。

接触点を通して相手の腕を上げて落とす

横面打ち　掴み手

受は取に対して横面打ちを仕掛けてきます。これに対して、取は「横面打ちの受け」で受けた後に反対側の手の指を張って受の肘の内側に当て、受手を滑らせて、受の手首を下から掴みます。取は両手を使って、受の腕を上げて落とします。このときは手首を握った

1.横面打ちの受け

2.腕を上げて落とす

1.両面打ちの受け

2.片方の腕を上げる

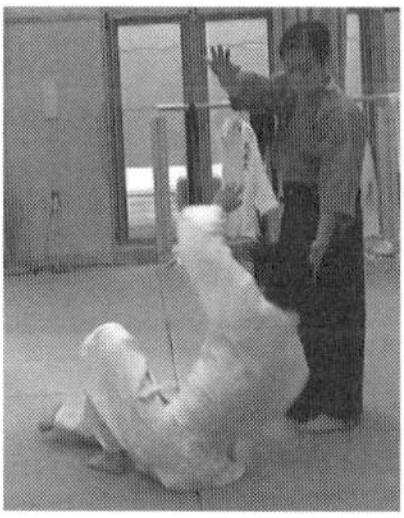
3.上げた腕を落とす

手が主、受の肘の内側に当てた手が従になります。取は従となる手の使い方に注意しなければなりません。従の手は指を張って受の腕に当てますが、この時に掴んではいけません。また、押し付けてもいけません。当てて付いていくだけです。この主と従が入れ替わり、手で押すようにしては技がかかりません。また、主となる握り手も握った受の腕を動かすようにしなければなりません。受を動かさずに自分ばかりが動くと、取の手は受の腕の周りを回転し、技がかかりません。

　この技は、最初稽古し始めると、なぜこんなにやりにくいやり方で技をかけるのだろうと思うかも知れませんが、多くの理合が含まれており、とても重要な技です。

　座り技では、受の腕を九〇度に開いた状態で膝を受の脇に当てて極め、顔面に当身を入れます。

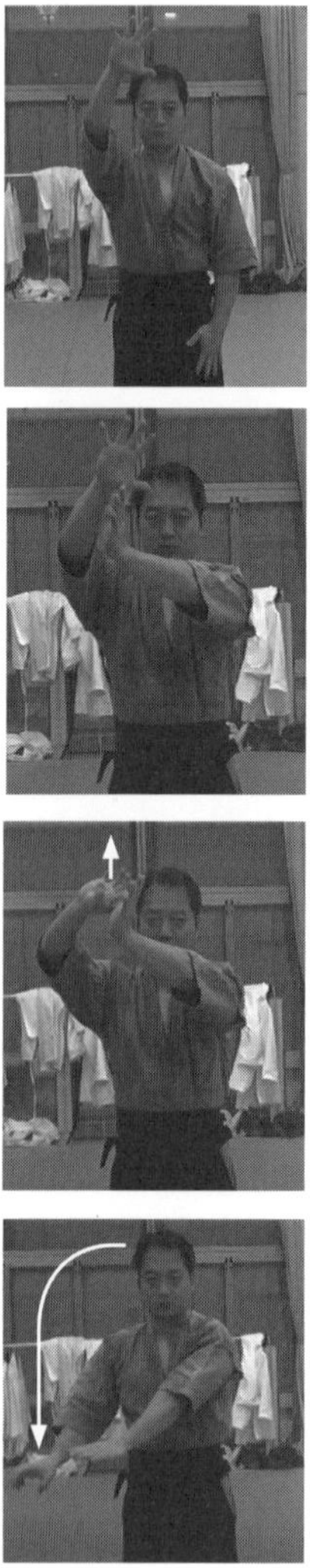

左手は添えるだけで、相手の腕を上げて落とす

立技

1.横面打ちの受け

2.腕の捕り

3.腕を上げて
落とす

座り技

1.横面打ちの受け

2.肘の内側に手を
当てる

3.腕の捕り

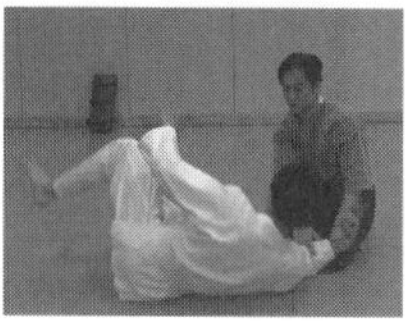

4.腕を上げて
落とす

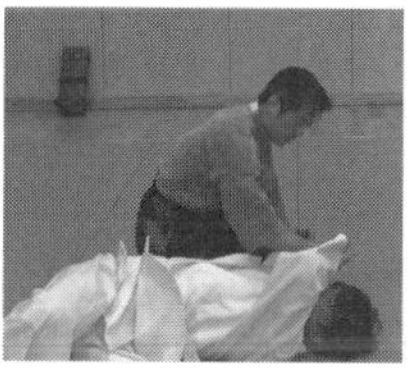

5.腕を極めて当身

正面打ち　掴み手

これは、他派大東流の一本取りや合気道の一教に似た技ですが、その理合は異なります。受は取に対して拳で正面打ちを仕掛けてきます。これに対して、取は「正面打ちの受け」で受けた後に反対側の手で受の肘を掴みます。この時に親指で受の肘の内側にある曲沢のツボを圧迫します。受けた手を滑らせて、受の手首を下から掴みます。取は両手を使って、受の腕を上げて落とします。このときは手首を握った手が主、受の肘を掴んだ手が従になります。

座り技では腕を九〇度に開いた状態でうつ伏せに極め、当身を入れます。立技では、投げずに受を一八〇度回転させて背面を向かせます。その後、取は受の手を甲側より握って、柔術の巻詰のように回内方向に捻って、受の腰に当てつつ受の後ろ襟をつかみます。さらに、腰に当てた受の手を押し込みつつ、背中より真下に落とします。

座り技

1.正面打ちの受け

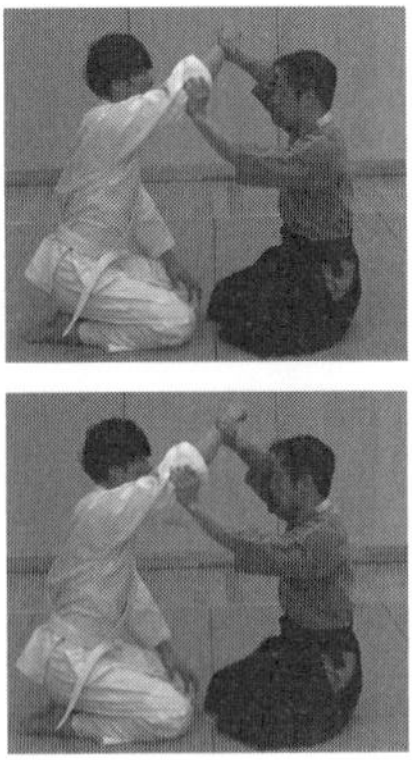

2.腕を捕り、
少し上げる

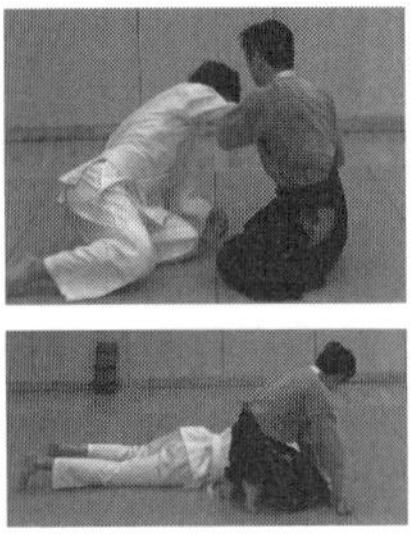

3.腕を落として
相手をうつ伏せに
極め、背に当身

1.正面打ちの受け

2.腕を捕り、上げて落とす

3.背面を向かせる

4.地面に落とし、当身

胸取（一刻館技名「胸摑」）

受は両手で取の胸襟を掴みます。取はウズラの卵を握りこむように空間を作りながら拳を作り、受の肘に当て、反対側の手を掌にして拳に添えます。取は拳で受の肘を相手の顎に運ぶようにして受を投げます。この時は、拳が主、添えた掌が従となります。

この技のポイントの一つは、拳の握り方です。拳を握りこんでしまうと、前腕の筋肉が緊張してしまうため、動きが制限されますし、相手に読まれやすくなります。

もう一つのポイントが、取は拳を使って、受の肘を動かすということです。力が入りやすいため、拳に添えた掌のほうを使って、動かしたくなるのですが、そうすると途端に動きが小さくなり、相手を十分に動かすことが出来ません。

この技では、受の肘に当てた接点の感覚を感じることが重要です。うまくいくと接点の感覚を変えずに相手を動かせますが、力で技をかけようとすると、受の肘の周りを自分の拳が回っていくこととなり、接点の感触が変化していきます。

1.胸を捕られる

2.拳を肘に当てる

3.相手の肘を動かす

手鏡

受は取の手首を握ります。取は握られた手の指を張り、相手に指先を突き入れるように手を返します。反対側の手の第二-四指で受の母指球、親指を手甲に当てて受の手を握り、受の母指球を握りこむことで握力を弱めて、受の親指側を攻めるように握られた手を抜き、手刀にして掴み手に添えます。受の手を上げて落とします。

この時にいくつか注意事項があります。

第一に、受の手を握った手が主となり、手刀にして添えた手が従となります。この技は手首関節技ではありません。手刀を使うと手首を極めてしまいがちですが、添えた手刀は付いていくだけで、受の手を握っている手を主として使います。

第二の注意点は、その際に、受の母指球に食い込ませた第二-四指の指先を使うことです。掌側を押し当

てると途端に手首関節技となってしまい、相手を落とすことが出来ません。

第三に落としながら、受の手を返していくことです。落とすだけでも返すだけでも不十分です。雪が積もった笹の葉がくるりと返りながら落ちる動きのイメージで、これを「笹の葉の理合」と言います。この技を通して学べる重要な理合になります。

座り技では相手の肘をしっかり掴んで返して腰を浮かし、顔面に当身を入れます。

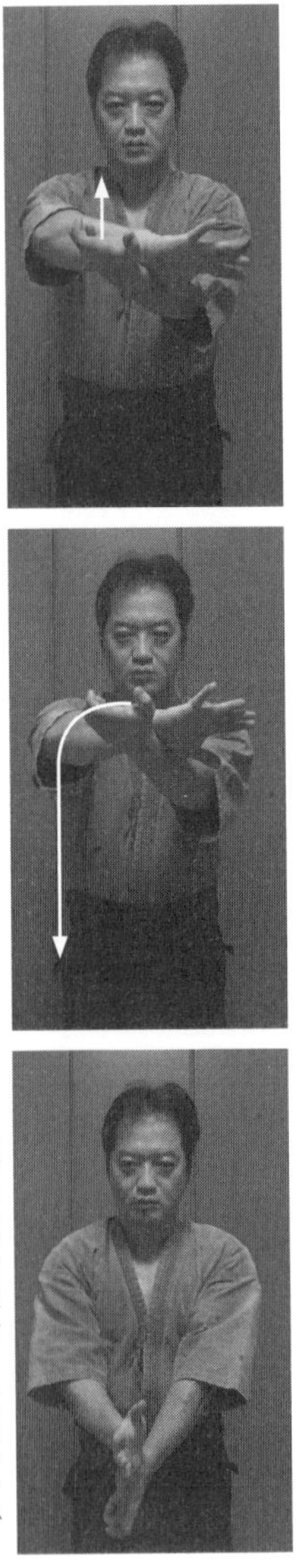

「笹の葉の理合」を用いて、相手の手を上げて落とす

立技

1.手を開いて
捕らせる

2.手を返し、
相手を攻める

3.相手の手を捕り、
手刀を添える

4.相手の手を
上げて、落とす

座り技

1.手を開いて
捕らせる

2.手を返し、
相手を攻める

3.相手の手を捕り、
手刀を添える

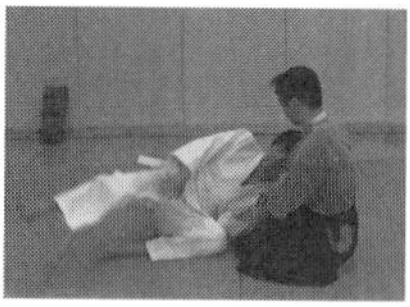

4.相手の手を上げ
て、落とす

5.相手の肘を返し、
腰を浮かせる

6.顔面に当身

両肩取（一刻館技名「肩摑」）

受は取の両肩を握ってきます。取は受の肩と袖を掴み、受の肩を少し攻めるようにしてから、受の肩を外側に運び投げ倒します。このときに受を掴む両手になるべく遊びがないようにすることが重要です。両手で相手の中心軸を挟み込むようなイメージで技をかけるといいでしょう。このときは受の肩を掴んだ手が主、肘を掴んだ手が従となります。

相手を投げようとするあまり、近位筋を収縮させて「自分から」動いてしまいがちになりますが、そうすると抵抗されてしまい、この技はかかりません。相手を地面まで動かす必要があり、この技を通して相手の中心軸を把握する感覚を掴みます。

1.両肩を捕られる

2.相手の肩と肘を捕る

3.相手の肩をほんの少し攻める

4.相手の肩を運び投げる

近位筋を使って
引っ張っても足が
出て逃げられる

肩受

受は両手で取の両肩を突き倒してきます。取は少し腰を曲げるようにして肩で相手の力を返すように受けます。この時に相手の力を受け止めてしまったり、固まってしまっては、負けてしまいます。自分の肩で相手を攻めるように受けなければ、相手の力を返すことはできません。肩受したときは、相手が崩れていて、自分が立っている体勢でなければ、簡単に引き倒されてしまいますし、他の技につなげることが出来ません。

この技は、肚と中心軸を鍛えるのに重要な技で、立つことの理合を教えてくれます。

1.受が両肩を突き飛ばしに来る

2.力を返すように肩で受ける

重心が浮き上がらないように注意

引落（一刻館技名「曳捨」）

受が両手で取の両手首を掴んできます。取は両手の指を開いて自分の指を相手につきいれるような気持ちで受け、掴まれた受の片方の手を後方へ捌き、受を投げます。この時には、受の手を動かす方の手が主、ついていく方が従となります。近位筋から動かすと抵抗されますので、あくまでも受の手を運ぶように行うことと、手を大きく引きすぎますと自分の体勢がくずれることから、大きく引きすぎないようにすることが重要です。

この技では掴まれた相手の手を動かします。自分

の指を使って相手を動かすという感覚をこの技を通して掴みます。

1.両手を開いて捕らせる

2.相手の手を動かす

相手を地面まで動かす

合気上げ

大東流の代名詞ともいうべき有名な技ですが、各団体や師範によってやり方は様々あるようです。何を目的として技を稽古するかによってやり方は変わってきますから最初にその技が伝える理合を明確にしておいた方がいいでしょう。

私たちの基本技では、この技を指先の鍛錬技と位置付けています。ですから取が全身を上下させて無理に受を上げたり、逆に受が上げられまいと気をこめずに形だけ掴んできたりしては、意味がないのです。

　受が両手で取の両手首を掴んできます。取は両手を開いて指を張り、指先を相手に突き入れるような気持ちで両手を突き、受の中心軸を崩します。取は指先を立てるように両手を上げ、受の腰を浮かします。取は受が十分上がってから、片方の手を落として、相手を投げます。この技では指先を使って相手を突き、相手を上げ、落とします。指先を使うことと中心軸を崩さないことが重要なポイントで、これらの鍛錬をするのに重要な技になります。

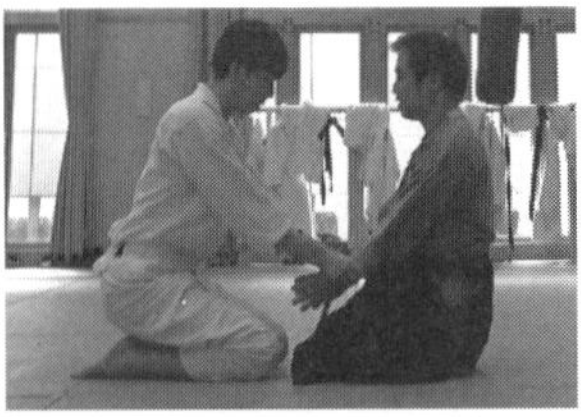
1.指を張り、両手首を捕らせる

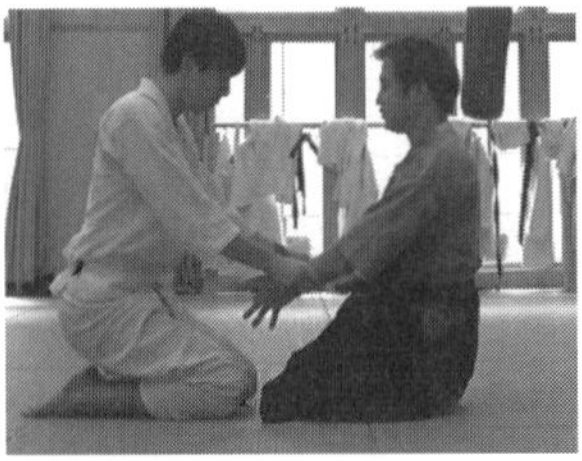
2.指を相手に突き入れる

3.指先を立てる

4.相手を落とす

合気上げ　上段（一刻館技名「向上」）

この技は合気上げをさらに大きく使う技です。どの技にも言えることですが、最初に大きく技をつかい、徐々に小さくしていきます。

まず初めに大きく技を使える身体を作っていきますが、もちろん身体の大小とは関係ありません、身体の小さな人ほど大きく技を使えないと、身体の大きな人には対抗できません。もちろん、身体を大きく使っても中心軸が崩れてしまっては意味がありません。大きく技を使っても中心軸のぶれない身体を作っていきます。

受が両手で取の両手首を掴んできます。取は両手を開いて指を張り、指先を突きますが、この時に受の頭上をめがけて大きく突きます。この時に取は手を一杯に大きく使い、思い切って両手を突きます。突くのにつれて、取は少し腰が曲がりますが、自分から腰を曲げてへっぴり腰にならないように気をつけてください。取は手を上げて、受を十分に崩してから、片方の手を落として相手を投げます。

この技では大きく指先を使うことと大きく動いても中心軸を崩さないことを鍛錬します。

1.両手首を捕らせる

2.指を上段に突き入れる

3.さらに指先を上げる

4.相手を落とす

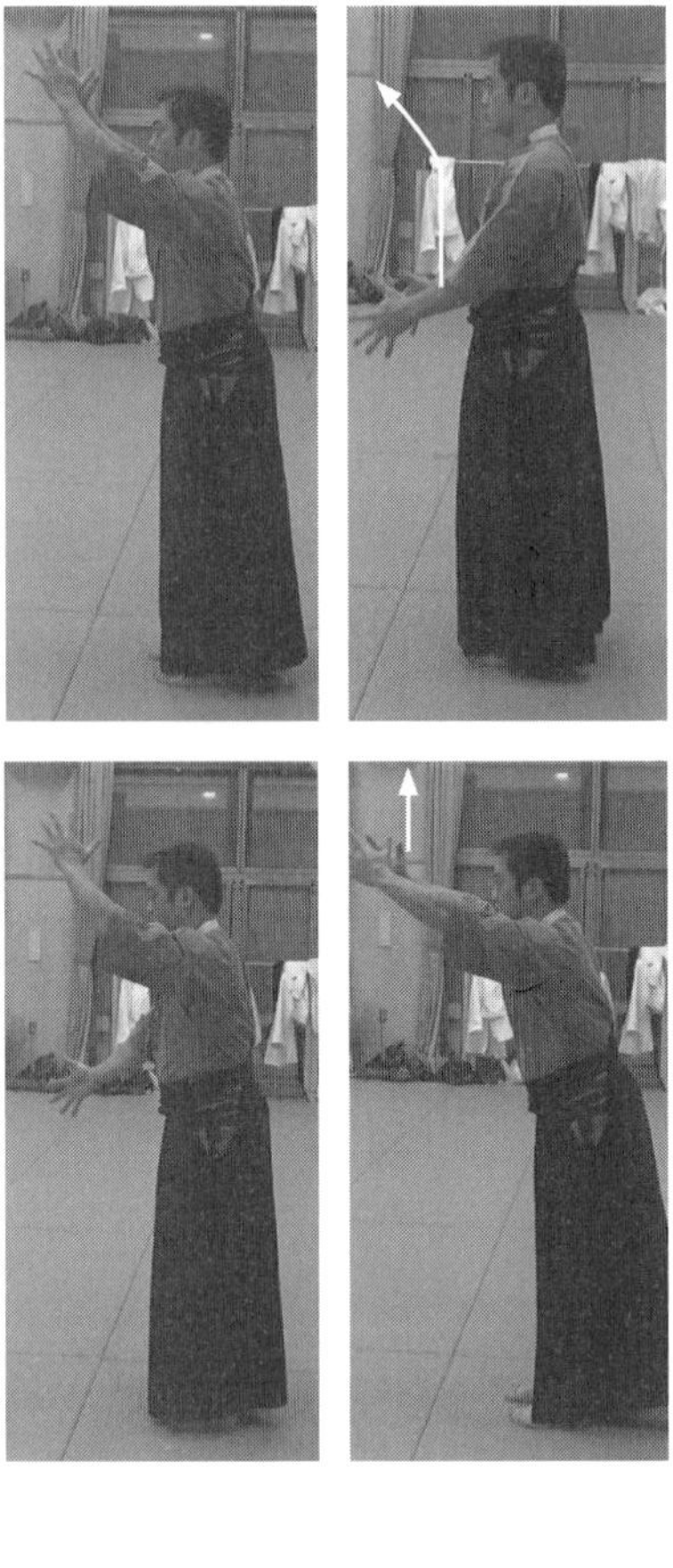

相手の頭上めがけて大きく突く

落とし

落としは一歩移動しながらかける技ですので、重心の制御がより難しくなります。この技を通して、移動しながら技をかけるポイントと、手に身体がついていくという感覚を掴みます。

受が両手で取の両手首を掴んできます。取は相手に負けないように両手を開いて指を張ります。取は一歩足を踏み込みますが、この時に取られた両手首の感覚が変わったり、上体が傾いたりしてはいけません。上体は動かさずに、足の爪先だけを一歩踏み込みます。取は受の両手を受の腰よりも後ろに運ぶようにして、受を背中側から地面に落とします。この時に取は前に出る手に従って、身体を前方に移動し、後足を前足の横に寄せます。

この落としは三段階の技があります。一段階目の技では両手を縦に開いて、掌同士を向かい合わせる形として技をかけます。二段階目は両手を横に開いて、両掌を地面に向けるようにして技をかけます。三段階目は両手を縦に開いた状態から横に返しながら相手を落とします。この時に、相手の正中に攻め込むように相手を落とします。

この三段階目になると相手に入っていくように技をかけることとなり、より厳しい技となります。

落とし一

1.両手首を捕らせる

2.足を一歩出す

3.相手を落とし、後ろ足を寄せる

手の位置を変えずにつま先を半歩出す

手を前に運び、身体は連られて前に出、足を揃える

落とし二

落とし三

柏手

受は両手で取の両手首を掴んできます。取は受の正中に攻め込むように両掌を合わせ柏手を打ち、受の手を横に運んで投げます。この時には投げる側の手が主の手となり、自分の右側に投げるなら右手が、左側に投げるなら左手が主となります。

最初の「柏手」の時に相手の中心軸を崩すのが重要で、相手の両手を通して中心軸を操作する感覚を学びます。

1.手首を捕らせる

2.柏手を打つ

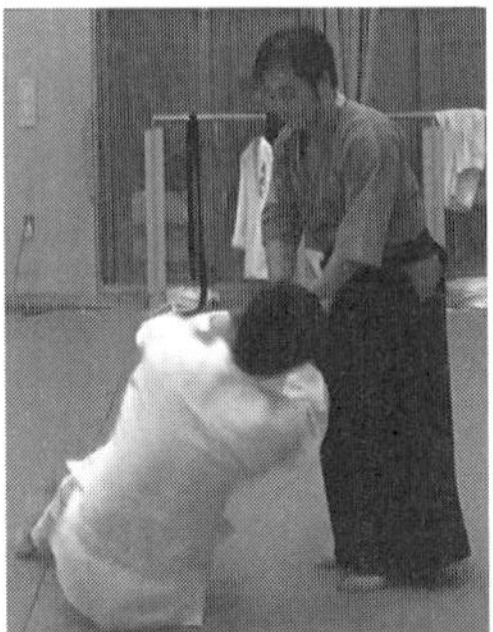
3.左右に投げる

綾取

これは例外的に主と従が途中で入れ替わる技です。

受は両手で取の両手首を掴んできます。この時に取は手刀で受の肘を綾に打ちますが、この際には受の手を運び、受の手を使って、打つようにイメージするとうまくいきます。取の対側の手は、手刀を打つまで置いておき、打った瞬間に腕刀を立てます。ここまでは手刀を打つ手が主となります。そこから立てた対側の腕刀で受の外側の宙を打つように相手を投げます。この時は腕刀を立てた手が主となり、反対の手は付いていきます。左右の手で交互に打ちますが、打つ方の手が主となります。

手刀で肘を打ちつつ反対の腕刀を立てる

腕刀で相手を投げる

1.両手首を捕らせる

2.相手の肘を打つ

3.反対の手を使って投げる

四方投げ

これも大東流の有名な技ですが、私たちの四方投げは少し技のかけ方が異なり、相手を動かすことに主軸を置いています。

受は両手で取の両手首を掴んできます。取は綾に相手の手首を掴んで、切り上げるように上に上げます。この時は、受の手首を動かすようにして、手首を掴んだ手が主、対側の手は従となります。取は相手を十分浮かせてから、半歩進んで、身体の向きを一八〇度入れ替え、自分の肩で受の肩関節を極めてから、投げ落とします。

この技は終始、相手の手首をつかんだ手が主となり、掴んだ手首を動かし続けます。慣れてきたら、自分から相手の手首を掴みに行って技をかける稽古をしますが、この時は終始片手でかけることとなります。

1.両手首を捕らせる

2.相手の手首を捕り、上げる

3.半歩踏み込み転身する

4.相手の手を切りおろし投げる

突きに対する受

突きに対しては半歩踏み込み、指先を張った掌を使って、相手の肘を受けます。その際に相手の中心を攻めます。歩幅が開きすぎたり、横に逃げてはいけません。受けながら攻めるのですが、一歩でなく、半歩というのが重要です。これが一歩になるとどうしても重心が不安定になります。

上段突　掴み手

錦戸門下には空手経験者が多く、錦戸無光先生が研究されていたことから打撃に対する技が充実しています。上段突に対する掴み手の基本技は二通りあります。

受は取の顔面を拳で突きます。取は半歩踏み込みながら指を張った掌で受の肘を受けます。対側の手で受の手首を下から握り、受手の指を受の肘の内側にかけて、食い込ませるようにしてから受の腕を上げて落とします。この時は肘を掴んだ手が主、手首を取った手が従となります。これが、手首を取った手が最初に動くと途端に動きが小さくなり、相手

横に逃げないこと

半歩踏み込み、掌で中心を攻めるように肘を受ける

を落とすことができませんから注意が必要です。

二つ目の技は、取が足を半歩踏み込みながら指を張った掌で受の突きを受け、反対の手で受の手首を下から握るところまでは同じです。この後、受の手首を取った手を用いて、受の腕を上げて落とします。つまり、手首を取った手が主、突きを受けた手が従となります。最初に突きをしっかり受けることが重要です。

上段突　掴み手　その一

1.上段突きを受ける

2.肘と手首を捕る

3.肘を捕った手で相手の腕を上げて落とす

上段突　掴み手
その二

1.上段突きを受ける

2.手首を捕る

3.手首を捕った手で相手の腕を上げて落とす

中段突　掴み手

中段突に対する掴み手の基本技も二通りあります。受は取の水月を拳で突きます。取は半歩踏み込みながら指を張った掌で受の肘を受けます。受手を滑らせて、受の手首を握り、対側の腕刀を受の肘に下から当てます。腕刀を用いて受の腕を上げて落とします。この時は腕刀が主、手首を掴んだ手が従となり、腕刀に手がついていきます。腕刀を一閃させるつもりで技をかけてください。

二つ目の技は、掌で受の突きを受けたあとに、反対の手で受の手首を、受手で肘を掴み、受の腕を上げて落とします。この際には、手首を掴んだ手が主、肘を取った手が従となります。相手の腕を落とすのであり、自分が相手に乗りかからないように注意します。

中段突　掴み手その一

1.中段突きを受ける

2.手首を捕り、腕刀を下から当てる

3.相手の腕を上げ、腕刀を一閃させて投げる

中段突　掴み手その二
(一刻館技名「枝落」)

1.中段突きを受ける

2.手首と肘を掴む

3.上げて落とす

上段突　払い（一刻館技名「夽凧」）

突きに対する技は、掴み手ができたら次に相手を掴まない払いを稽古します。

受は取の顔面を拳で突きます。取は足を半歩踏み込みながら手で受の突きを受けます。反対の掌を受の腕の内側にあげ、受の腕を叩き落とします。この時に、叩く掌を十分に上げ、上から下に叩き落とすこと、受手を最後まで残しておくことが重要です。横に叩いたのでは相手を落とすことが出来ません。

また、受手を早く離すと技が甘くなり効きません。短い距離でも相手をぴしゃりと叩けるように稽古します。払いは手順が少ない分、技が早くなります。

1.突きを受ける

2.手を上げる

3.腕を叩き落す

手の上げ方が不十分だと横に払う形となり効かない

中段突　払い（一刻館技名「水月」）

受は取の水月を拳で突きます。取は半歩踏み込みながら受の突きを受けます。ここでは掴み手のように手を滑らせず、対側の腕刀を受の肘の内側に上げます。腕刀を一閃させるように受の腕を落とします。この時も相手の腕を上から下に落とすという感覚で行うので、腕刀を十分に上げておくことが重要で、最後に腕刀を少し相手に攻め込むようにしてやるとより技が厳しくなります。

払う手は十分上まで上げる

上から下に落とせるように腕刀を上まで上げる

1.中段突きを受ける

2.腕刀を上げる

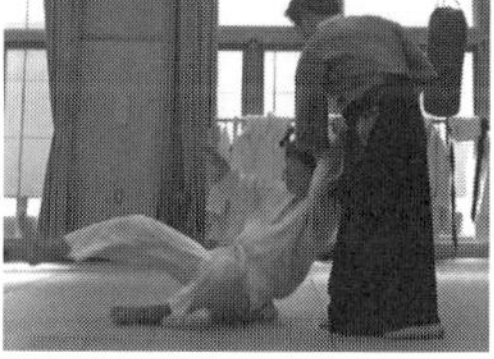

3.腕刀で相手の腕を捌く

手返　壱（一刻館技名「邊」）

片手取りの技です。受は片手で取の手首を掴んできます。取は手を開いて、受の手を自分の中心に運んで相手を少し崩し、手を大きく返しながら、受を投げます。この時は、受の手の感触をよく見て、運ぶことが大事です。うまく運べないと相手の手が止まっているところを自分だけが動くこととなり、手が外れていきます。特に相手をよく見ることと相手を動かすという理合につき、教えてくれる技です。

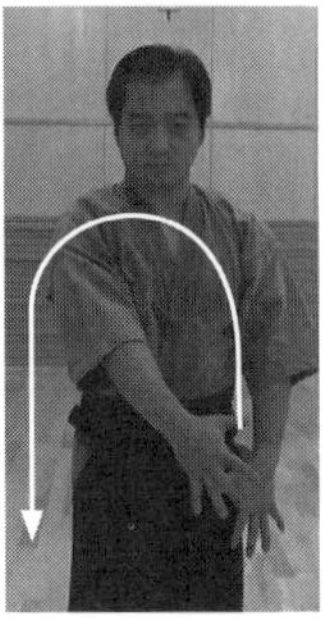

1.手を捕らせる

2.相手を崩す

3.手を返して投げる

手返　弐（一刻館技名「止」）

一度落とした相手を投げますので、より相手の手を厳密に見て動かす必要があります。受は片手で取の手首を掴んできます。取は取られた手を開いて、返しながら、受の中心に落とし、受の体勢を崩します。その後、十分に受の体勢を崩してから、自分の手の反対方向へ運び、受を投げます。相手を落とし投げるという、より精妙な操作が必要となります。

手返　両手

片手ずつで行っていた手返の技を両手で行うものです。両手を使う技ですので主従を使い分ける必要が出てきます。

受は両手で取の両手首を掴んできます。取は両手を開いて、返しながら、受の中心に落

1.手を捕らせる

2.手を返し、中心に落とす

3.相手を左右に投げ放つ

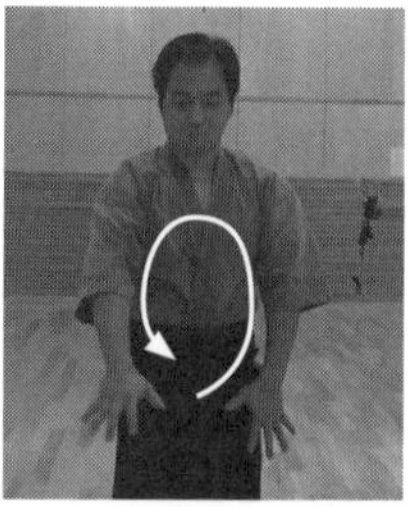

とし、受の体勢を崩します。その後、十分に受の体勢を崩してから、手をななめ後ろへ運び、受を投げます。この時は投げる方向にある手が主、反対の手が従となります。相手の中心軸を崩してから運ぶ感覚を鍛えます。

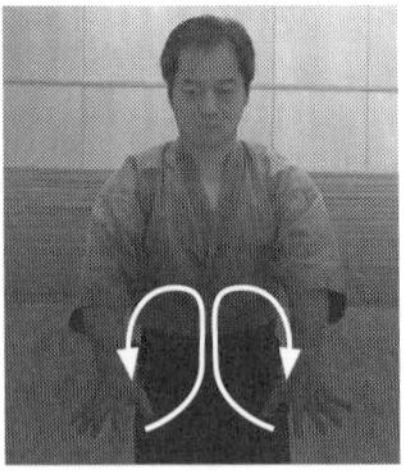

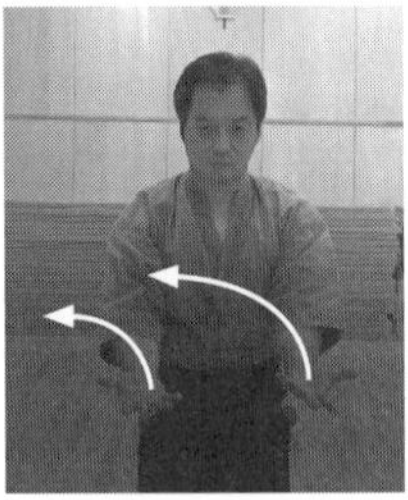

1.両手を捕らせる

2.両手を返し、相手を落とす

3.左右に投げる

側方取　手肩取投げ放ち（一刻館技名「浮舟」）

二人取のための技です。二人、三人と多人数取になりますと、より中心軸を意識する必要があります。足を開いて踏ん張ってしまいがちになりますが、それでは逆効果です。多人数になるほど、より中心軸を立てて、重心を動かさないようにしなければなりません。

最初は一人を相手として稽古し、慣れたら二人を相手します。受は取の側方より両手で取の手首と肩を掴んできます。取は手を横に開いて手首を取らせ、縦に返しながら、受の手を自分の近くに運びます。受の身体を十分引き寄せてから、手を再び横に返しながら、自分の前に受を投げ放ちます。相手の手首を通して、身体を動かすという感覚を学びます。

1.手を捕らせる

2.手を寄せる

3.前方へ投げ放つ

二人捕り

側方取　手肩取落とし

これも二人取のための技です。最初は一人を相手として稽古し、慣れたら二人を相手します。

受は取の側方より両手で取の手首と肩を掴んできます。取は手を横に開いて手首を取らせ、手首を返さずに、受の手を自分の正中前に運びます。その際に反対側の手も正中に寄せます。相手を十分正中に引き寄せたら、開いた対側の手で受の手を押さえて落とします。

手を横にしたまま、相手を正中に動かす技ですから、上腕二頭筋を使ってしまいそうになるのですが、そうすると途端に相手が止まり、自分だけが動く瞬間が出来てしまいます。この技は、いくら筋力があっても、自分が動いたのでは絶対にかからないようにできています。徹底して相手を動かすということが重要です。

1.手を捕らせる

2.相手を正中に寄せる

3.両手で相手の手を挟み、落とす

二人捕り

側方取　合気上げ落とし

合気上げの二人取のための技です。受が両手で取の片手を取ってきますから、取は受の両手を見なければならず、通常の合気上げよりも難度はグッとあがります。

受は取の側方より両手で取の片手の手首を掴んできます。取は手を縦に開いて、手首を取らせ、受の両手に対して合気上げをします。十分に上げた相手を正中に動かし、落とします。

相手を上げ、正中に動かし、落とすという三ステップの技になりますから、各ステップを丁寧に確実に行う必要があります。

1.手を捕らせる

2.片手で合気上げする

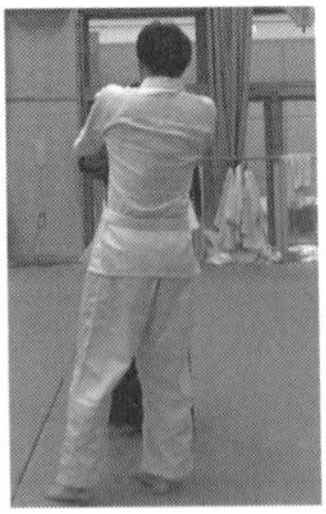

3.正中に寄せる

4.相手を落とす

二人捕り

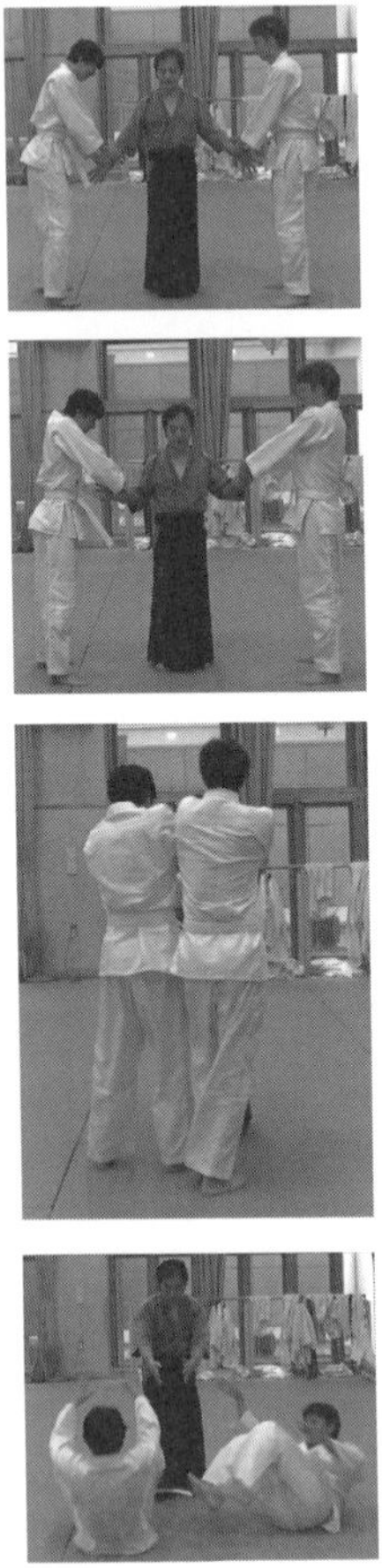

手廻（一刻館技名「肘架」）

両手を巧みに操作して相手を背中向きにひっくり返す技です。相手を立った状態で固めてしまうので、投げ技以上により丁寧に相手を動かさねばなりません。

受が両手首を取ってきますから、片手で相手の頭を払うように一閃させつつ、対側の手を下から回し、相手を背中向きになるように一八〇度回転させます。最後に自分の腕に相手の両腕をかけて、相手を固めます。

この技では払う手はもちろんのこと下から回す手も重要で、払うだけで下の手が不十分だと、相手を投げることになってしまい、回転させることができません。両手を協調して使うことが重要です。

両手の操作で相手を背中向きに回転させる

熊の手

この技も手廻同様に相手を回転させる技ですが、お互いに回転して背中合わせとなります。

受が両手首を取ってきますから、片手で相手の頭を払うように一閃させつつ、他方の手を下から回し、相手を回転させるところまでは手廻と同じです。但し、この技では相手を回転させつつ、自分も回転し、背中合わせとなります。最後に自分の両肩に相手の両腕をかけて、相手を固めます。自分が回転しながら相手を動かし続けねばなりません。また、最後も肩で相手の腕を見続けておかないと相手を固めておくことができません。

1.両手を捕らせる

2.両手の操作で相手を後ろ向きにする

3.相手の両手を自分の腕にかけて極める

払うだけの操作だと相手を投げてしまい、回転させられない

後取　手肩取

後取は相手が後ろから攻撃してきますから後ろにいる相手を見なければなりません。目でなく、より皮膚感覚で相手を見る必要があります。また、正面から攻められた時と比べ、より中心軸を保つのが難しくなります。

受は取の左右どちらかの後方より両手で取の手首と肩を掴んできます。取は手を開いて、受に手首を取らせ、受の手を自分の頭上を越して、反対側へ運びます。対側の手で受の手首を掴み、上げて落とします。相手を運ぶときには自分の指先から運ぶようにするとうまく相手を運べます。さらに相手を投げる際には相手を上げて落としますが、なるべく大きく前方に投げ放つようにします。

1.両手を捕らせる

2.両手の操作で相手を後ろ向きにする

3.自分も回転して背中合わせになる

4.相手の両手を肩にかけて固める

1．後ろから手と肩を捕らせる

2．相手の手を運び、手首を捕る

3．相手の手を上げ、投げ放つ

後取　両手取

後取の両手取は後ろから両手を取られますから、中心軸を保つのが難しくなります。技をかける前にしっかりと中心軸を立てて、立たなければなりません。

受は取の後方より両手首を掴んできます。取は両手を開き、受の両手を上げて落としながら、腰の前まで運びます。受の手は落ちるにしたがって、自然に前に運ばれ、受の身体も落ちます。受を落とした後に、片手を前方に運び、受を投げ放ちます。受の両手は前に運ばれますが、最初から、前に運ぶのではなく、上げて落とす動きで結果的に前に運ぶ動きになります。最初から無理に前に運ぼうとすると中心軸が崩れてしまいます。

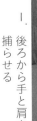

1.後ろから両手を捕らせる

2.受の両手を上げて落としつつ前に運ぶ

3.受を前方へ投げ放つ

受の手は落ちる動きに従って自然に前に運ばれる

後抱絞取（一刻館技名「後抱」）

これも後取の技です。

受は取の後方より抱絞めしてきます。取は両手とともに両肘を張って、絞められるのを防ぎます。受の腕が触れている上腕を通して受を見て、受の身体を前方に運びます。この時は投げる側の上腕を前方に運びますが、反対側の腕は置いておくようにします。投げる際に身体を回転させてしまいますと、中心軸が崩れて、受に押さえられてしまいます。

この技は上腕を使って相手を動かす技です。小手の技に比べ、使う部位が体幹に近くなる分少し難しくなりますが、自分の中心軸に対して相手を動かすという原則は変わりません。

1.後ろ抱き締めに対し、手と腕を張る

2.接触点を動かし、投げ放つ

肩合気

小手の技ができるようになったら、身体の他の部分を使って技をかけます。小手同様に身体のあらゆる部位を使えるように稽古しますが、使う部位が体幹に近くなるほど難しくなります。肩を使う際に相手に押し込まれてしまうと中心軸が崩れますから、まずは肩受して自分がしっかり立った状態で技をかけなければなりません。中心軸を保つのは身体のどの部位を使うときにも重要で、しっかりと立った中心軸を使って相手を動かします。

受は両手で取の両肩を掴んできます。取はまず肩受し、肩を使って受の手を前方に動かし、投げます。肩は動きが小さくなりやすく、前方に動かしたつもりでも、下方に落としてしまいがちになります。受の腕を通して、顎を飛ばすイメージで行うといいでしょう。特に最初は大きく技を使うように意識して技をかけます。

1.両肩捕りを肩受で受ける

2.肩で相手の手を前に運ぶ

肘合気

肩同様に肘も自在に動かせるように稽古します。掴まれたところを動かすことが重要ですが、肘はどうしても小手の方を先に動かしてしまいがちになりますから注意が必要です。

受は両手で取の両肘を掴んできます。取はまず受に力負けしないように両手を張って掴ませ、肘を使って受の手を受の対側の腕に動かすようにして投げます。小手を使ってしまいますと肘の動きが小さくなり、相手を動かすことが出来ません。

肘を反対の肘まで運ぶ

1.両肘を捕らせる

2.肘で相手の手を横に運ぶ

肘合気　体当たり

体の合気の稽古では、身体の様々な部位を掴ませて、掴まれた部位を動かす稽古をします。これは、実際のシチュエーションを想定しているというよりは、身体の各部位を自在に動かす鍛錬をしているのであり、肩が動かせるようになったら肩を、肘が動かせるようになったら肘を使って当身が入れられるようになります。ここで紹介する体当たりは肘合気の応用です。

互いに体当たりをしますが、肘から上腕をあて、当てる側の手の指を張り、反対の手で手首を掴みます。実際に相手とぶつかる上腕の接触点を通して、相手を動かします。

体当たりは使いやすいだけでなく、身体の土台を作る重要な鍛錬です。一人で稽古するときは立木などに対して体当たりしたりします。

1.互いに体当たりする

2.肘を使って相手を動かす

足合気　合気上げ

足も小手同様使えるように稽古します。指を張ること、相手を見て動かすなど小手の合気を通して学んだ原則は変わりません。

受が取の両足首を掴んできます。取は両足を伸展させて、指を刺した状態でとらせ、指を開いて立て、合気上げします。小手の合気上げ同様に指先を使って、相手を上げます。足は筋力が強い分、筋肉に頼ってしまいがちですが、前脛骨筋を使ったのでは上げる動きにならず、手前に引く動きにしかなりません。足指先から動かすようにしないと相手を上げることはできません。

相手を十分上げてから、相手の手を落とします。この時も自分から動くと足が相手の手の中で回転するだけとなるので、相手の手をしっかり見て落とすことが大事です。

1.両足首を捕らせる

2.足の指先で上げる

3.左右に投げる

足合気　落とし

小手同様に合気上げが出来たら足の落としも稽古します。

足の技の場合は、合気上げしてから落とします。受が取の両足首を掴んできますから、取は両足を使って合気上げします。その後、両足指先を落として、「落とし」をします。このときに足先につられて、自分の身体は前に出て膝関節が少し曲がります。落とす時に足首関節を使って足首を曲げ伸ばす動きを先にしてしまいますと、上げて落とす動きではなく、引いて押す動きになってしまいます。足指先から動きませんと上げて落とす動きになりませんから注意が必要です。

1.両足首を捕らせる

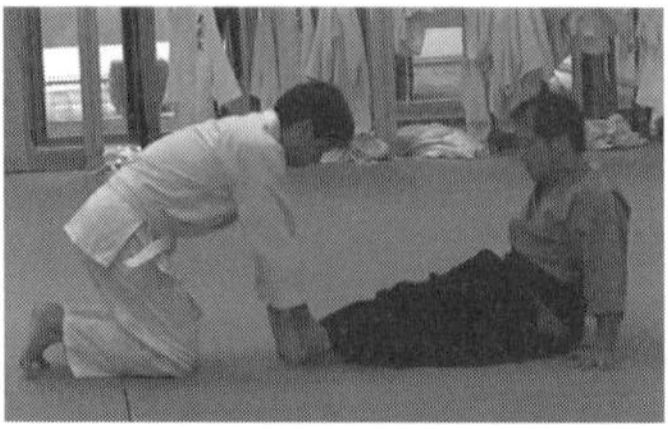
2.足の合気上げをする

3.指を落とし、それにつれて前に出る

4.左右に投げる

足合気　綾取

足を用いた綾取です。受が取の両足首を掴んできますから、取は足を使って、受の手を運び、綾取に打ち込みます。打ち込みの際には、身体が前に移動しますが、打ち込まない足は残したままとし、膝が少し曲がります。小手の技同様相手を打つという感覚が重要で、足指先から動きます。

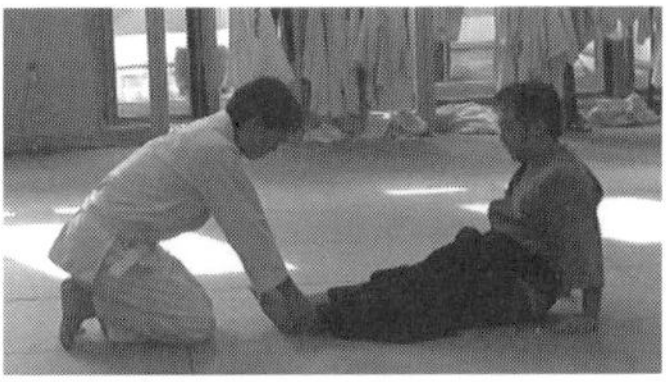
1.両足首を捕らせる

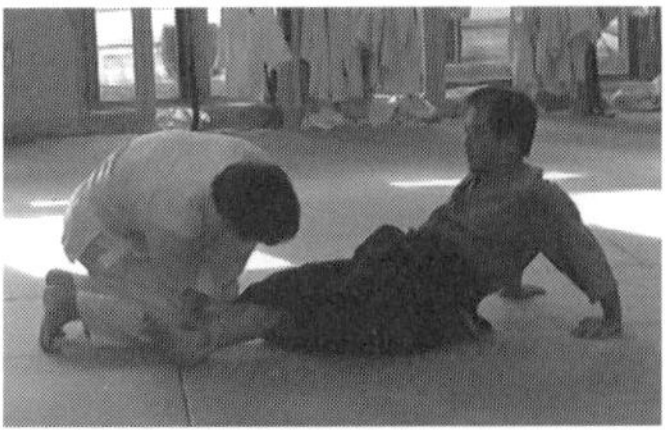
2.前に出ながら足で
相手の腕を打つ

3.反対の足で蹴る

膝合気

小手同様に、足の合気の次はさらに中心に近い膝の合気を稽古します。ここで使うのはあくまでも膝であって、股関節でも足首でもありません。膝頭が外を向いたり、足裏が返って、地面から離れたりしてはいけません。

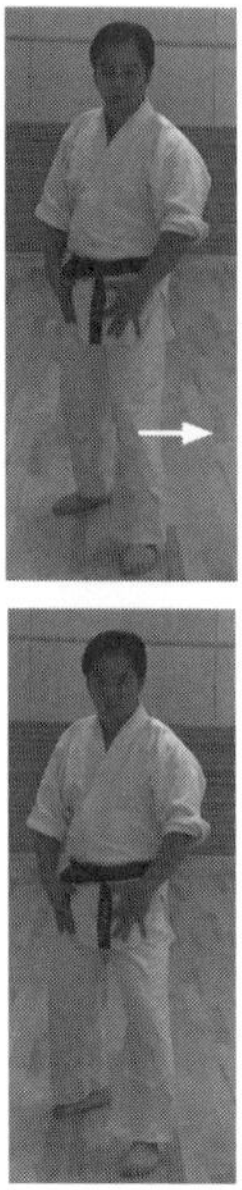

足裏が地面から離れないように膝で捌く

受が両手で膝を掴んできます。取は膝で相手の両手を見て、外側に運びます。この技は相手の両手を外側に運ぶ技ですが、膝の内側を掴んできた相手の手の感触もしっかり見ることが重要で、外側の手ばかりに技をかけてもかかりません。

膝の合気を稽古すると膝を動かすのがいかに難しいのかがよく分かります。

1.両手で膝を捕らせる

2.膝で相手の両手を外側に捌く

膝合気　下段回し蹴りの捌き

膝が使えるようになったら、応用として膝合気を使って下段回し蹴りを捌きます。

動き自体は先の膝合気と変わりませんが、蹴ってきた足を動かすため、タイミングがより重要です。

この技はうまくかかると蹴った方がダメージを受けますから、最初は怪我しないように軽く蹴って、徐々に強く蹴るようにしてください。

下段回し蹴りを膝で外側に捌く

頭合気

頭合気は頭を動かす稽古です。実際に頭を掴まれるなどという状況は想定しにくく、実際に用いる技というよりは鍛錬のための技という位置づけです。体の合気の稽古を通して、頭から足の先まで自在に動かせるようにします。

受が両手で頭を掴んできます。取は頭で相手を浮かせて、左右に投げ放ちます。

この技は掴まれた部位をよく見て動かす技です。首や体幹を使ってもかかりません。頭

頭を使うこと

首を捻ったらかからない

合気の稽古で頭が気配なく動かせるようになるので、この動きは頭突きに使えます。

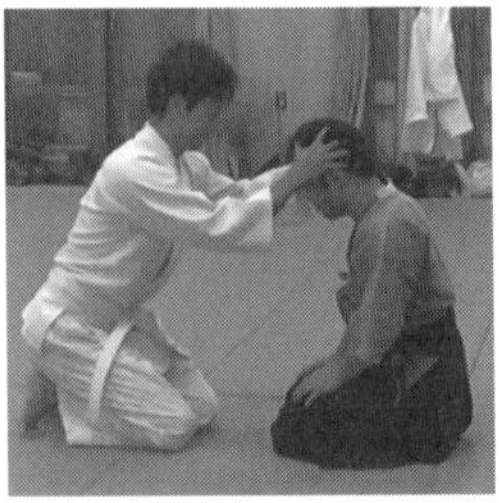

1.両手で頭を捕らせる

2.相手を浮かせる

3.相手を左右に投げる

胸合気

体の合気の技は体幹に近くなるほど難しくなります。身体の中心を使う胸合気は最も難易度の高い技の一つです。

受は両手で前襟を取ってきます。取は胸を使って相手の両拳を見て、上げ、左右に投げます。この技は相手がしっかり掴んできた方がかかりやすいので、受には胸を取る際にしっかりと掴んでもらいます。

1.胸を捕らせる

2.胸で相手を上げる

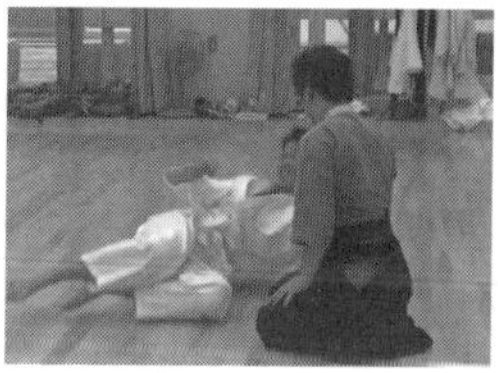

3.左右に投げる

秘伝奥義の技

基本技にて理合を十分身に着けてから、その理合を強化して用いる口伝を授かり、「秘伝奥義の技」の段階に進みます。その内容は錦戸無光先生が独自に工夫したものであり、いわゆる大東流目録の「秘伝奥儀之事三六ヶ條」とは異なります。

基本技では理合を正しく身に着けることが目的でしたから受は無理に抵抗せず、正しく技がかけられていれば受けをとりますが、秘伝奥義の技の段階になったら、思い切りつかんでくる受に対して技をかけなければなりません。錦戸伝大東流合気柔術では、秘伝奥義の口伝を教えてもらってから、

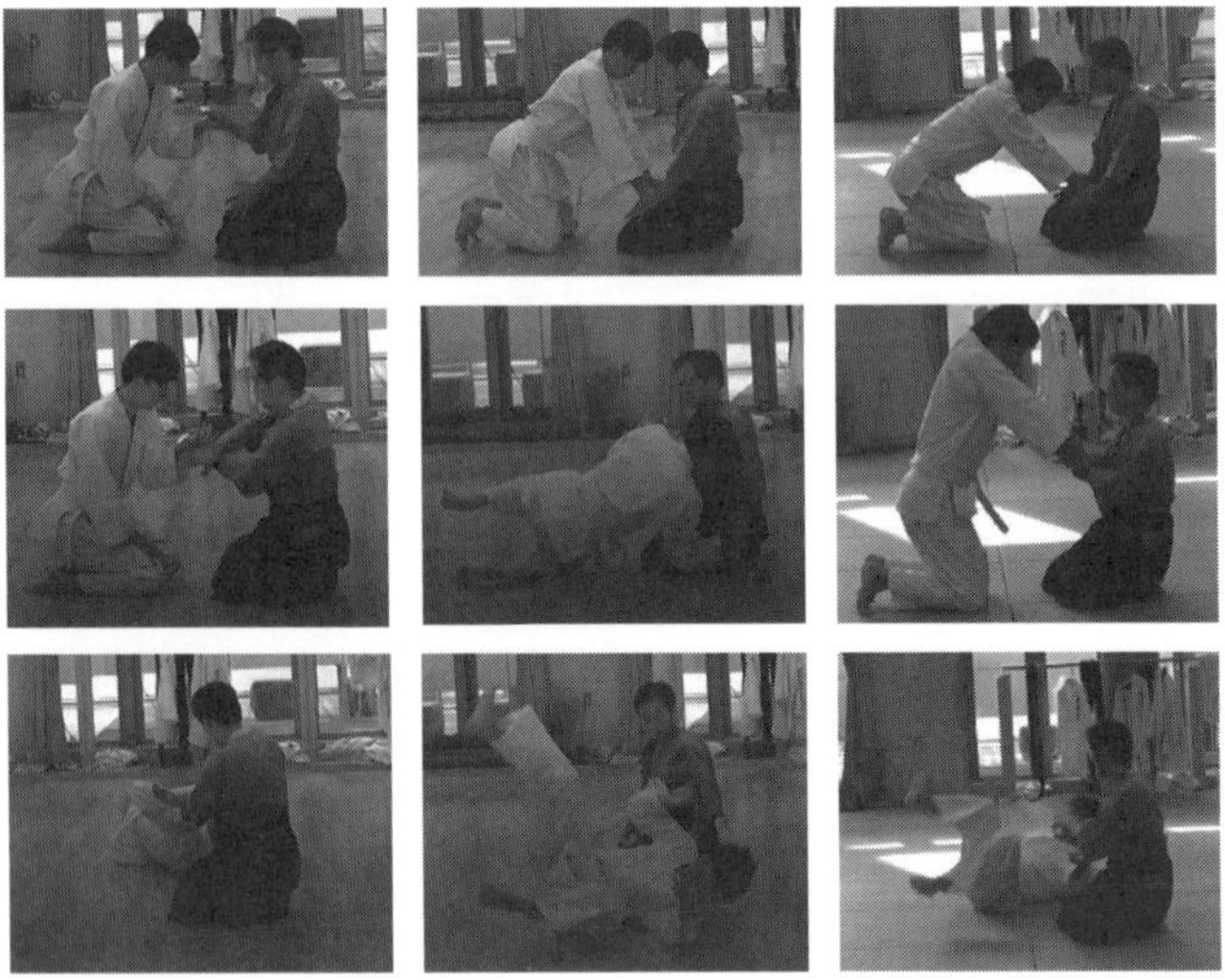

思い切り掴んでくる相手に技をかける

巻物を授かり、皆伝の免許をいただくのですが、修行はこれで終わりではありません。この後に、気の技の錬磨を経て、合気の技に至ります。

思い切り打ってくる相手に技をかける

気の技

秘伝奥義の技を教わってから、「気の技」の段階に入ります。ここでさらに気を操るための口伝を授かりますが、基本技を通して、身体と感覚を鍛えておかないといくら口伝をさずかっても、この段階の技は使えません。

気の技の稽古の段階に至りますと、自分は動かずに相手を先に動かすという厳しい要求が課されます。ここでも基本技で習得した相手を見るという感覚が非常に重要になります。

気の技の稽古では特に受の役割が重要になります。気の技の段階では受が力一杯抵抗したらかかりません。基本技を習得し、相手を見るという感覚を知っている者同士で稽古しなければ正しい感覚を掴むことは難しいでしょう。

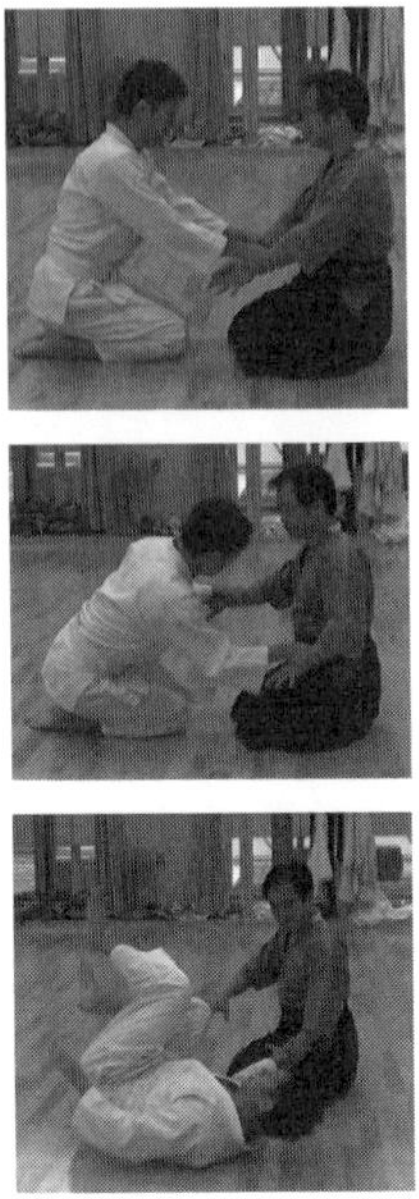

理合を使えば相手が動く

合気の技

気の感覚が十分わかるようになってから、気を合《がっ》して使う稽古をします。この合気の技を使うことが私たちの目標ですが、ここまで正しい段階を踏む必要があります。

気の感覚がよく分からないうちから合気を使おうとしても、筋力を使う技に逆戻りしてしまいますので、焦らずに各段階で正しい修練を積み、真理を掴んでいくことが重要です。

気を合する

考察その１　防衛反応を防ぐ

基本技の要諦は簡単に言うと、

一.中心軸を安定させて重心を動かさないこと

二.接触点の感触を変えずに相手の中心軸を崩すこと

の二点です。自分の中心軸を動かさずに相手を動かすことと言ってもいいでしょう。

通常の動きは、自分がまず動き、相手に働きかけますから、基本技の要求する動きは訓練しなければできませんし、相手は重心の移動や圧力の変化などのこちらの運動に先立つ

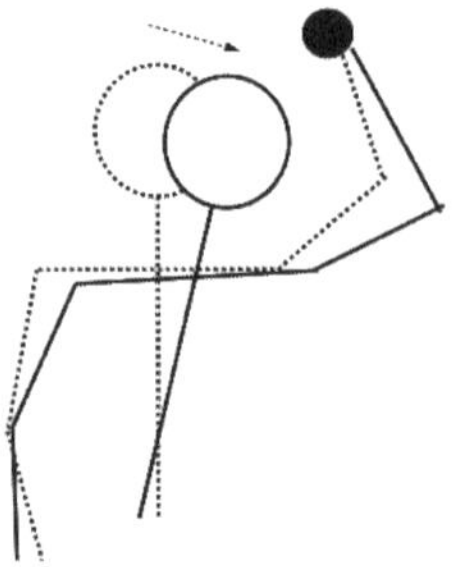

通常はまず自分が動くため、動きの気配がでて抵抗を生み、接点の圧力が変化する

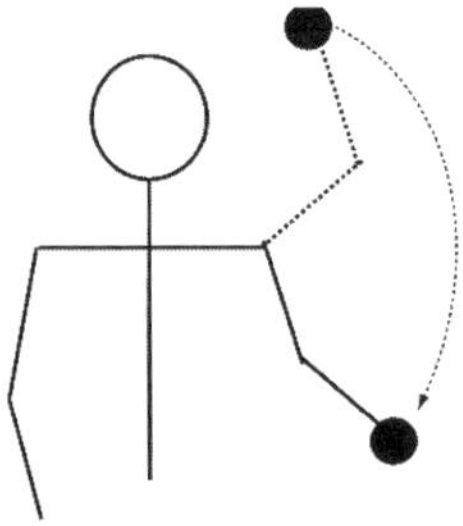

最初から最後まで相手を動かせば動きの気配は出ず、圧力は変化しない

情報が得られません。これにより、相手の防衛反応を防ぎます。

なぜ運動に先立つ情報がないことで防衛反応が防げるかについては、運動がどのように起きるのかを考えるのが役に立ちます。運動の実行を司る脳内では第一に、感覚情報をもとに外界の自己が置かれている状況と身体内部の状況を把握し、「攻撃を回避する」などの運動の目的を決めます。その後はその目的を達成するための運動を構成して実行に移すという過程を踏んでいます。これに対応する脳領域は多数ありますが、まず、筋肉・関節の状態や皮膚感覚などの体性感覚情報は、脊髄などの反射運動に使われるとともに、大脳の感覚野に送られます。さらに、視覚、聴覚、平衡感覚などの情報も視覚野、聴覚野、前庭皮質などの各種機能野に送られますが、これらの感覚情報は頭頂葉連合野で統合処理されて、前頭葉の高次運動野に送られます。高次運動野はこれらの情報をもとに、目的達成のための運動のプログラミングを行い、一次運動野に出力し、大脳基底核と小脳の制御を受けつつ、運動は実行されます。運動の実行にはこれだけの過程を経ていますが、特に感覚情報は重要で、頭頂連合野の働きが電気刺激などによって障害されると簡単な運動であっても実行できなくなることが知られています。

基本技の理合とは、体性感覚情報の入力を最小限にして、感覚情報処理を妨げているのではないかと思います。基本技の稽古中に相手を動かし続けると受は抵抗することが出来ません。一方、少しでも自分が動くと相手が止まり、接触点の圧力が変化して、すぐに抵抗されてしまいますから、感覚の認知が関わっているのは間違いがないように思います。

古武術には居合の序破急や剣術の一拍子の動きなどゆっくりだけど相手が抵抗できない動きの教えが種々ありますから、各流派に同様の理合はあるのかと思います。ただし、これはあくまでも基本技の理合に関する私の個人的な仮説にすぎません。これで説明できないことも多いですし、気の技や合気に関しては正直よく分かっていません。ですが、稽古の方向性を決めるうえでも、何故そのような理合があるのかを考えるのは重要だろうと思います。

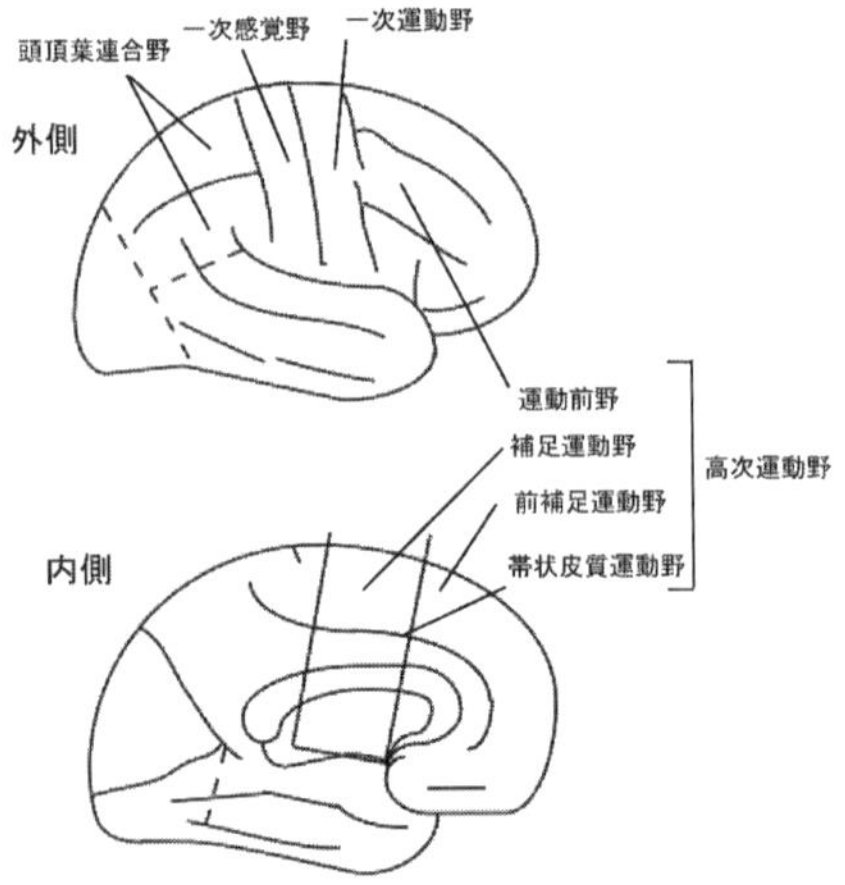

運動に関わる脳の領域

考察その２　姿勢反射を妨げる

相手を投げる場合、自分が動かず、相手を動かすことで防衛反応を封じただけでは実は不十分です。人間には姿勢反射という強力な姿勢制御機能があり、転倒を防止しています。特に前庭脊髄反射といって、内耳にある前庭が身体の傾きを感知して、傾いた側に足や手を踏み出し伸長して支えるという反射があり、投げ技を成功させるうえではとても厄介です。これらの反射運動は脳幹や脊髄を介する自動運動であり、大脳と違って容易にはごまかされません。つまり、起こることを前提に乗り越えなければならないということです。

柔道では上体の崩しと足腰の払いで対処します。足技のない合気道ではどうでしょうか？これについて早稲田大学から興味深い論文が発表されており、肘の位置を支持基底面の外側へはずし、足の小指外側に重心を集めることが相手の足の移動を封じる上で重要としています（佐藤　忠之ら、二〇〇六年）。これは私たちの基本技を稽古するうえでも重要な点だと思います。

但し、合気道では運足でこの崩しと投げを実現させますが、基本技は、自分が動かないことが前提ですから、他の方法を用いなければなりません。この解決策として基本技で用いるのは「方向」です。基本技には「上げて落とすこと」「笹の葉の理合」など、相手を投げるための理合がありますが、運動線としては放物線を多用し、相手の足元に落とします。これにより相手の小指外側に重心を集めて、足の踏み出しを防止するとともに、下肢が伸筋優位となっても倒れる方向に相手を運びます。

基本技の理合は、筋力とスピードに頼らない動きを教えてくれますが、要求が多く、繊細な動きが必要とされます。払い手や掴み手などのように実際に使用しやすい技もありますが、基本技の目的は、原則的に理合に沿った動きを身につけることで、実際に相手を投げることではありません。合気上げは両手首を掴みに来た相手に対処することを目的とした技ではありませんし、ましてや足合気は両足首を取りに来た相手に対する技でもありません。この目的をはき違えて相手を無理に投げてやろうとすると理合が崩れてしまいますから、正しく稽古することが重要です。私は柔術の稽古も重要だと思ってはいますが、私たちが稽古する合気柔術とは理合も目的も異なりますから、きちんと分けて稽古できないとかえって害になるでしょう。

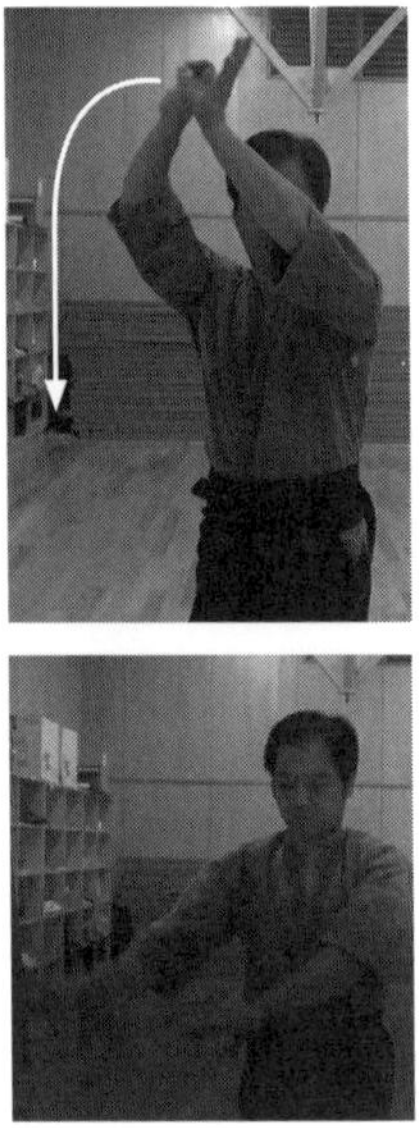

投げる動きは
放物線になる

柔術技法との比較

柔術との理合の違いを説明するため、類似の技法である大東流柔術の秘伝目録百十八ヶ条のうち車倒と、基本技の横面打ち掴み手を比較してみましょう。

車倒では、右横面打ちに対し、右足を踏み込み、重心を右前に移動しながら、敵の左手首に手刀当し、さらに敵の右首筋に手刀当もしくは水月に当身を入れ、相手を崩します。その後、右手で敵左手首の内関の急所を四ヶ条で圧迫しつつ、左手は親指先で敵左腕付け根の痛点（中府）もしくは顎を圧迫しつつ、左足を踏み込んで敵の左足にかけ、前方へ重心移動しながら、敵の左腕を後下方へ引き、仰向けに投げ倒します。

ここでは相手の攻撃を受ける際にも投げる際にも用いているのは重心移動から生じる力であり、さらに急所への圧迫・当身、肘と肩関節の逆、踏ん張りのきかない方向への誘導、刈脚による足捌きの妨害などを用いて敵の防衛反応に対処しています。シンプルな技ですが、柔術の理合が多く詰まった高度な技であると言えます。

一方で、横面打ち掴み手という技は、同様の攻撃に対し、その場から足を動かさない、急所・当身・関節技などを利用しないといった制約だらけの中で技をかけます。重心移動

柔術の車倒

相手の横面打を重心移動と当身で受ける

重心移動、急所（もしくは顎）の圧迫、刈脚で投げる

で生じる力は使えませんし、当身で相手の動きを止めることも足技で逃げ足を封じることもできません。そこで、防衛反応自体を起こさせず投げる必要があります。

まず、横面打ちを受ける際、重心移動は使えませんから受け手を大きく動かし、相手の力を上に逸らさなければなりません。また、投げの際には確実に相手を動かして抵抗を封じつつ、出足の出ない相手の足元方向へと崩さなければなりません。これらの要求を満たすためにはしっかりと立てた中心軸を土台として相手を動かしていくしかないのです。

横面打ち掴み手の理合は中心軸を立てて相手を動かすというシンプルなもので、類似技法と言っても柔術とは理合の点では全く異なります。中心軸に対し、対象を最大限動かすという点からはむしろ剣術の方に理合が近いのかもしれません。剣術も体が動き、剣先が止まっているような動きは気配となるので禁忌です。剣先から動いて斬る動きが理想ですが、そのためには中心軸を立てて土台とする必要があります。武田惣角先生は剣術も達人だったそうですから、剣術の理合が導入された可能性も十分考えられます。

基本技横面打ち掴み手

横面打ちを力の方向を上に逸らして受ける

重心を動かさず、相手の腕を落とすことで出足を封じて投げる

稽古のヒント

　ここでは稽古に際して師匠である錦戸無光先生に注意された点について記載します。いままでも理合について記載しましたが、あくまでも私の個人的な解釈によるものですから、指導された内容を厳密に再現しているわけではありません。武術の身体の使い方は感覚的なものですので、言葉で伝えるということ自体に無理があるのかもしれませんが、稽古の中で自分なりの理合を掴みとってください。

・立つこと

　錦戸先生は立つことの重要性を強調します。特に二人取り用の技がうまくいかないときに「それは地面に立っていない」と注意されます。より体勢を安定させるために足を開いて踏ん張ると、それは「立っているのではなく、地面にもたれている」のだと注意されました。そこで私は重心のことを言っているのだと解釈しました。

　理合の項でも述べましたが、重心を動かさないためには自然体で立ち、中心軸を立てることになります。もちろん錦戸先生の言う「立つこと」と私の解釈は同義ではありません。

「立つ」感覚は基本稽古でつかまなければならないと思っています。鍛錬のやり方などは基本的に自分で工夫するものですが、今のところ私の結論は体幹の筋肉と姿勢制御の強化が中心軸に必要なものと思っています。踊りなどでは「自分の頭が天井から吊り上げられるように」という例えがあるようです。中心軸を立てるのに重要な教えですが、相手を動かす武術の中心軸としてはまだ不十分でしょう。

立禅、四股踏み、太極拳や空手の三戦などいずれも有効ですが、素振りがもっとも有効だったかと思います。錦戸先生は重い鉄棒を一日に何千回も振りますが、合気を用いずに真似すれば、筋肉を固める動きになりますし、手を痛めるのでお勧めしません。私は素振り用に三-四キロ程度の木刀を用いていますが、一本歯の下駄を履いたり、片手で振ったり、片足で振ったりといろいろ工夫してみるといいでしょう。

鍛錬の仕方は自分で工夫する

・指先を使うこと

とくに小手の技を稽古するときに指先を一杯に張って使うように注意されます。ここまで指先を張って使っている流派や団体は他にはなかなかないと思います。堀川先生は弟子たちが指先を曲げて稽古しているのを見て、「開くんだあ」とつぶやいたと言います。それを見て錦戸先生は指先の重要性を悟りました。

私は末端である指先を最大限動かすことと解釈しています。合気上げの際でも握られている手首を動かすと力がぶつかりますし、近位である肘を動かすと相手の手は動かずに自分の腕が相手の手の中で遊ぶことになります。錦戸先生は指先に気を持ってくるだけで相手を浮き上がらせますから、私の解釈はたぶん厳密には少し違っているのでしょう。指先をつかうことの理合は重要ですから稽古の中でよく考えて見てください。

・相手を見ること、動かすこと

相手を見て、動かすことも入門当初からずっと注意され続けています。相手を見なければ動かすことが出来ません。相手を動かせなければ、自分だけが動くこととなり、その動きは「遊び」となり、無駄な動きとなります。錦戸先生は「実戦では遊びを入れている時間などない」と注意されますが、相手を動かす動きとは、投げられたことが認識できないほどに速いものです。

私は今のところ、見ることとは、相手との接触点との皮膚感覚で圧力と相手の重心を感じること、動かすこととは接触点を圧力を変えずに他の部位よりも最も大きく動かすことと解釈しています。これは指先が使えない体の技を稽古する際に特に重要で、接触した点を動かすしかありませんが、ここでも中心軸を動かすのは禁忌です。肩合気は中心軸に対して肩を、頭合気では頭を動かさねばなりません。

但し、私の解釈は初期の基本技では通用しますが、この教えも段階によって変わってきます。気の技の段階になると文字通りに自分が動かずに相手を動かさなければならなくなってきますから、この教えについても感覚的につかみ取っていくしかありません。

・考えないこと、途中でとめないこと

基本技の稽古は難しく、技の途中であれこれ考えてしまうのですが、そうすると考えずに技をかけるよう注意されます。錦戸先生曰く、考えると気が頭の方に行ってしまうそうで、接触部に行かなくなります。また、技が途中でとまると「途中で止めない」ように注意されます。相手の抵抗などで途中で止まったように感じるのですが、それは「自分で」止めているのだそうです。

基本技は目標点を定めたら、何も考えずに相手をそこまで動かします。武術の動きは最初と最後だけで、途中地点はありません。

・小手先の技

当初、基本技の意義が分からないときに、急所や関節技を利用して相手を投げようとすると「小手先の技」と注意されました。基本技の目的は理合の習得ですから、それ以外のものを持ち込んではいけません。

これはもちろん他の武術を否定するものではありません。私は柔術も好きで、できたほうがいいと思ってはいますが、柔術の稽古は柔術で、中国拳法の稽古は中国拳法でするべきでしょう。武術の技にはそれぞれの流派が求める理合があるのです。

・気の技

錦戸先生は基本技ができるようになると気の身体が出来てくると言います。筋力は使いませんが、脱力ではなく、理合に沿った身体の使い方が出来ているときに自然と気の身体になります。

気の技も初期の段階では筋力の大きい人が抵抗したら技はかけられません。基本技を通して気の身体を錬磨していきます。このことからも気の技というのは独特の感覚を表す言葉で、気功などで用いている気の概念とは異なるものを指しているのではないかと思います。実際、気功などをやってみても、基本技や気の技のためにはあまり役に立ちません。

古来武術には心法というものが必ず伝えられてきました。私は以前、これは実戦の心構えの事かと思っていましたが、今では気の技を使う方法だったのではないかと思っています。気の技を使う上で、心の使い方が非常に重要だからです。

・合気の技

錦戸先生は堀川先生のもとで修業しているときに、先輩に合気とは何かを聞いたことがあります。それぞれ呼吸法、集中力、合わせであるといった答えが返ってきましたが、これらはいずれも他の武術にもあるので違うと思いました。堀川先生の「合気とは気を合《がっ》することと」という言葉で悟ったそうです。

堀川先生は言葉で説明する人ではなかったそうですから、錦戸先生はここに至る気の技や合気を自らの感覚で掴みました。武術とは本来そのような以心伝心、不立文字で伝えられるものなのでしょう。

・他流批判は無用のこと

錦戸先生は他流を批判することを許しません。当たり前の事なのですが、武術の世界は必ずしもそうはなっていませんので、あえて言われるのでしょう。

堀川先生から受け継いだ争いを避けるという武術家の心得もあるのでしょうが、それ以上にそんな暇があるなら稽古しなさいということなのでしょう。他武道を研究や稽古するならともかく、批判して自分が進歩することなど何一つないからです。批判するよりも敬意をもってよいところを研究しましょう。人間は普段から訓練していないことはできません。いろんな技を研究することは決して無益にならないはずです。

他武道は批判ではなく
研究を

・習得の情熱

錦戸先生は、堀川先生に認知症状が出始めた時に、三年で合気を掴もうと決心しました。そのために集中したのがよかったのだと言います。これが十年、二十年あると思ってやっていたらとてもつかめなかったのでしょう。

錦戸先生は情熱をもって集中することが習得の上では重要だと言います。私が稽古の中で受けた重要な教えであり、常に考え続けることも学びました。これは技術を習得するうえでは重要な要諦です。武術の修行を通して得たことは、それ以外でも役に立つのです。

・宇宙の真理

合気の稽古の中には、自然の法則、宇宙の法則が含まれているのだということを常々言われます。錦戸先生の宇宙観につき、次の文章をいただきましたので紹介します。

以下は錦戸先生より

「私は五八歳で解脱を体験し、現在七九歳になった。二〇年の歳月が過ぎた。二〇年の間に瞑想して掴んだことを書く。宇宙は何のために生まれてきたのかということだ。宇宙の奥に無がある（無限の命）。ここから宇宙は生まれた。無が宇宙を作ったのだ（何のために）。

それは無を作ることだ。無の生命を生み出すために宇宙を作った。宇宙は銀河と銀河が衝突して爆発が起きる。この時に永遠の生命である無が生まれる。ビッグバンだ。このビッグバン（暗黒物質）の中に無がためられてる。でもまだ純無ではない。ゆえにしばらくたくわえられて純無になったときに無の中に吸収されていく。こうして無はさらなる無が増し加わっていくのだ。そうしてまた宇宙をつくる。

合する合気も爆発する合気を使えるようになる。この爆発するときに生まれるのが永遠の生命である無が生まれる。ほんの少しだが。大東流合気柔術の先覚者は宇宙の仕組みを知って合する合気を生み出し、現在に伝えてきたのだ。皆さんは合する合気を掴んだらその奥に無があることを知るだろう。私はこのことを知るために生まれてきたのだろうと思っている。」

正直、技がかかったかかからないに一喜一憂している著者にとって、宇宙の真理までは考えたこともありませんが、ただ、右の話には合する合気の根幹となる理合が含まれている上に、さらにその奥の段階の内容までも含まれています。自然界の法則とは技の根幹をなす理合の部分からとりいれられているのではないかと思います。

おわりに

私が稽古の際に錦戸先生に言われ続けてきた言葉があります。それは、

「あなたの技は小手先なんです！！」

合気柔術の稽古は、それまで、私が持っていた武術に対する激しく、荒々しいイメージとは全く異なるものでした。それは、静かなもので、自分や相手の身体と対話するような稽古を通して小手先ではない武術の原則を学んでいたのだと思います。

本書でこれまで述べてきたような「相手を見る」「地面に立つ」「相手を動かす」ことなど入門当初から注意され続けてきたことですが、未だにうまくはできません。言葉というものは、感覚を伝えるのにはなんと不完全なものなのだろうと思います。錦戸先生は、いろいろな教えを伝えるのに言葉を工夫されていました。何とか言葉では言い表せない感覚を伝えようとされていましたが、それはたとえば「赤い」という色を言葉で説明するようなもどかしいものだったのではないかと推察します。技をかけられた感覚を頼りに暗中模索しておりますが、段階的に要求は厳しくなっていきます。一体この道はいつまで続くのかと思いますが、おそらく、課題は次々と出てくるのではないかと思います。

「修行に何十年かけようと集中して真理をつかまなければ、時間の無駄」とは、錦戸先生の名言であります。合気にしろ、秘伝奥義にしろ、教わってからが、真の修行です。大東流の修行は、悩みの尽きない、だからこそ面白くて退屈しない、終わらない道のりです。私はそんなものに出会える人生というのはきっと幸せなものではないかと思います。

兵法はうかまぬ石のふねなれどすきのみちにはすてられもせず

とは、新陰流の柳生石舟斎（宗厳）が詠んだ歌だそうです。人生を兵法に捧げ、その一生を浮かばない石の舟を漕ぎつづけた人間の歌かと思うと厳粛な気持ちになりますが、そこに鬱積した気持ちや不満などはみじんも感じず、むしろ、満足と自負を感じるのは、私自身が曲がりなりにも石の舟を漕ぎ続ける喜びを知っているからではないかと思うのです。

この本を読んでくださった皆さんが、この不思議な武術に少しでも興味を持ってくださったら幸いです。

最後になりましたが、長年にわたり辛抱強くご指導いただいた錦戸無光先生、ならびに同門の方々に心よりの御礼を申し上げます。

著者紹介

江夏　怜（えなつ　れい）

脳神経外科医（日本脳神経外科学会専門医指導医、日本脳卒中学会専門医指導医、日本てんかん学会専門医、日本臨床神経生理学会脳波・術中脳脊髄モニタリング専門医、米国医師資格など）。一九七四年福島県生まれ。二〇〇〇年九州大学医学部卒業。京都大学医学博士。京都大学病院、天理よろづ相談所病院、神鋼病院、米国クリーブランドクリニック、国立病院機構姫路医療センター勤務を経て、現在、札幌医科大学脳神経外科講師。一九九四年錦戸無光師範の主催する大東流合気柔術光道に入門し、二〇一三年師範となる。日本居合道連盟無双直伝英信流居合術六段。他、武道歴は柔道、剣道、合気道（富木流、合気会）、太道、新陰流剣術・杖術、中国拳法、太極拳、カポエイフなど。著書に「古流柔術の殺法・活法」（東京図書出版）。

撮影協力

古賀 武光師範、山田 奨人、須藤 洋平

参考文献

佐藤忠之ら『合気道競技の投技における「崩し」の方法:隅落と引落を中心に』スポーツ科学研究、3、69-77、2006年
丹治順『脳と運動―アクションを実行させる脳　第二版』共立出版、2009年
錦戸無光『【合気の極み】～光の体になると、光の技が使える～』BABジャパン、2017年
松波謙一、内藤 栄一共著『最新　運動と脳　改訂版―体を動かす脳のメカニズム―』株式会社サイエンス社、2010年

大東流合気柔術　合《がっ》する合気《あいき》の道《みち》

2020年2月22日　初版第1刷発行

著　者　江夏　怜
発行所　ブイツーソリューション
〒466-0848 名古屋市昭和区長戸町4-40
TEL：052-799-7391 / FAX：052-799-7984
発売元　星雲社（共同出版社・流通責任出版社）
〒112-0005 東京都文京区水道1-3-30
TEL：03-3868-3275 / FAX：03-3868-6588
印刷所　モリモト印刷

万一、落丁乱丁のある場合は送料当社負担でお取替えいたします。
ブイツーソリューション宛にお送りください。

ISBN 978-4-434-27098-7